RÉPRESSION DU DUEL.

COSSON, imprimeur de l'Académie royale de médecine,
rue Saint-Germain-des-Prés, 9.

RÉPRESSION

DU DUEL.

RECHERCHE DU MEILLEUR MODE

DE PÉNALITÉ.

PAR

LOUIS DUFOUR,

SUBSTITUT A CUSSET (ALLIER).

Extrait de la *Revue de législation et de jurisprudence.*

PARIS,

BUREAU DE RÉDACTION, RUE SAINT-FIACRE, 3.

1840.

DE LA PÉNALITÉ

DU DUEL.

Recherches sur le meilleur mode de répression. — Examen comparatif des législations étrangères.

« Ni les mœurs ni les lois ne doivent être » impuissantes les unes sur les autres ; bien » conçues et bien dirigées, elles s'aident réci- » proquement dans leurs progrès. » (M. PASQUIER, *rapport à la Ch. des pairs sur le projet de 1829.*)

Un projet de loi sur le duel est en ce moment soumis aux assemblées législatives de la Belgique. De même que la Cour de cassation de Bruxelles a devancé, par son arrêt du 12 février 1835, la Cour de cassation de Paris, le pouvoir législatif de ce pays paraît, aussi, avoir compris le premier la nécessité d'une prudente intervention. Cet exemple sera-t-il encore pour nous un utile signal? Nous sommes fondés à le croire, car la réalisation prochaine de nos vœux a été, déjà, sinon garantie, du moins entrevue. Quelque temps, en effet, avant l'ouverture des chambres, et au moment où un programme divulgué par la presse permit d'attribuer avec plus de certitude, au ministère du 12 mai, l'intention d'entrer dans la voie des réformes; plusieurs journaux annoncèrent que, parmi les projets de loi alors à l'étude à la chancellerie, et destinés à être présentés dans le cours de la session, figurait un projet sur la pénalité du duel. Le legs de cette pensée est, nous l'espérons, un de ceux que le ministère actuel s'empressera d'acquitter.

L'administration judiciaire doit s'en féliciter et savoir gré à l'active et inquiète vigilance qui s'est préoccupée de ce soin, car nul parmi les magistrats, parmi les esprits éclairés, même les plus étrangers aux matières pénales, n'a tardé de comprendre qu'il y avait là une lacune à combler, et que, tôt ou tard, la jurisprudence y aurait failli, mal adaptée qu'elle était à la nature du délit, à la foi récente, à la conversion encore imparfaite des citoyens appelés à juger.

On peut maintenant, en effet, apprécier avec quelque vérité les conséquences du droit nouveau, introduit depuis deux ans par la jurisprudence. Le temps de la discussion est déjà trop loin de nous pour que le coup d'œil ne soit pas impartial.

Lorsque la Cour de cassation rendit l'arrêt du 22 juin 1837, sollicité par une voix éloquente, précédé d'une énergique manifestation de principes, tout empreint des convictions profondes dont il était le fruit, on ne put se méprendre sur l'intelligente sollicitude, sur les heureuses tendances qu'il attestait. Sans doute la doctrine et la conséquence de l'arrêt furent envisagées dès l'abord avec quelque crainte, néanmoins il apparut que la Cour répondait par cette réprobation tardive, mais éclatante, à une attente générale, à un besoin, à une douleur du corps social.

Elle trouvait les esprits unanimes sur un point essentiel, l'opportunité de la répression. La jurisprudence qu'elle proclama tout à coup fut un témoignage public d'une immense portée, qui à coup sûr n'accomplit point la réforme, mais qui l'a préparée et rendue prochaine.

Il y aurait injustice à méconnaître un tel bienfait. Elle a diminué le mal et réprimé plus d'une velléité sanguinaire en rendant le refus légitime et moins suspect de lâcheté, en inspirant une crainte salutaire, en témoignant, qu'après tout, la justice ne demeurerait plus indifférente à de telles luttes, ne se contenterait plus d'assister froidement à de tels spectacles, et, en mettant le duelliste dans la nécessité fâcheuse, quelque peu inquiétante, toujours entachée de quelque honte de venir rendre compte de son action devant le jury appelé d'ordinaire à juger les criminels, en amenant à sa suite, à titre de dommages-intérêts, des condamnations pécuniaires toujours accordées, toujours dispensées avec une sévère largesse, qui venaient féconder par quelque efficacité la poursuite criminelle.

Là néanmoins se sont arrêtés les résultats obtenus; le coupable était obligé de venir prouver sa loyauté; mais qu'y avait-il de plus quant à la répression proprement dite? Tous ceux qui la prouvaient ont-ils manqué d'être absous? Et à quoi bon la jurisprudence pour atteindre le duelliste dont l'action se trouvait entachée de déloyauté, au point de se confondre si étroitement avec le meurtre, qu'il était impossible même au jury de l'en distinguer? Vainement les chambres des mises en accusations cédaient devant les arrêts, les convictions des jurés étaient plus rebelles. Encore à demi dans les langes du préjugé et bien que soulevés d'une façon assez propice contre l'immoralité de l'action qu'on leur dénonçait et que réprouve le cours incontestable des idées, peu d'entre eux se montraient disposés à qualifier crime ce que la loi avait, pendant si long-temps, sous leurs yeux, et malgré des exigences qu'ils reconnaissaient peut-être dès ce moment, déclaré complétement en dehors des atteintes pénales, à sanctionner une si tardive découverte, à voir dans l'auteur de cette action un coupable qu'on pouvait punir sans injustice, lorsque, autour d'eux, dans tous les rangs de la société, sur leurs bancs peut-être, se plaçaient, comme une critique perpétuelle et vivante de la loi, des hommes qui avaient sacrifié à la sanglante superstition, que nul n'avait inquiétés, cependant, qui marchaient tête levée, encore qu'ils ne fussent nullement à l'abri des poursuites, qu'aucune prescription ne fût venue couvrir de son égide la responsabilité d'un crime commis de la veille, et qui ne devaient pourtant leur insolente sécurité qu'à ce hasard d'avoir devancé d'un jour une jurisprudence d'où devait surgir la qualification d'assassinat. Il faut le dire; si la menace a existé et si elle a été salutaire, la répression a manqué (1) ; or, cela est assurément un mal. Il ne convient point de montrer le but si on ne peut l'atteindre.

Une déplorable réaction pourrait peut-être suivre l'évanouissement inévitable de cette passagère terreur qu'avait causée une révélation aussi soudaine qu'inattendue.

En admettant même que le recours au droit commun n'eût point toujours abouti à des poursuites inutiles, à la consécration de l'impunité, de dangereuses atteintes se trouvent sans cesse portées à l'inviolabilité de la loi. Pour rendre l'application possible, il est essentiel de combler les distances, d'écarter l'excessive rigueur, en laissant entrevoir d'avance l'opportunité de certains accommodemens; préliminaires d'autant plus indispensables, que la perspective des modes de pénalité énergiques empruntés aux art. 295 et suiv. du Code pénal, pourrait, tout en rendant l'acquittement certain, appeler un intérêt peu équivoque sur le coupable. Il faut donc s'attendre et s'accoutumer à voir le jury faire bon marché, ou, pour mieux dire,

(1) Nous n'avons pas souvenir que, d'après l'arrêt de 1837, des poursuites aient été désignées, pour crime de *duel* devant les tribunaux militaires. Les journaux judiciaires n'en ont du moins signalé aucune. A coup sûr, cependant, les occasions ont dû se présenter depuis ce temps. Qu'est-ce donc qu'une jurisprudence qui varierait ainsi, suivant les croyances dont font profession, en matière de point d'honneur, les juges et l'accusé ?

ne tenir nul compte des doctrines légales, des dispositions du droit criminel relatives à la *préméditation*, à la *complicité*, à la *tentative*, dérogation volontaire et constante à laquelle viendrait se joindre, pour la compléter, l'abus le plus déplorable des circonstances atténuantes. Il faut permettre ces transactions continuelles avec la loi. Il faut inviter le jury à y puiser tous les tempéramens dont il aurait besoin, lui indiquer le moyen de raccourcir toujours à sa mesure l'échelle de répression. Dangereuse initiation! Funeste dictature!

Nous sommes convaincus, néanmoins, que le premier et le plus grave inconvénient de cette jurisprudence a été de ne point aider par une féconde réciprocité l'heureux progrès des mœurs qui se trouvait son auxiliaire le plus puissant et qui a droit à la plus grande part du succès obtenu.

On fait donc bien de se souvenir que le législateur peut être utilement sommé chaque jour de veiller au maintien de l'intérêt social, et qu'il est à la fois convenable et nécessaire d'en appeler à lui.

« Est-ce trop de toute l'autorité de la loi pour faire passer tout à coup une » action grave et commune de la sphère d'innocuité à celle de l'incrimination ? » La conscience publique, qui fait la part des mœurs et des habitudes, n'avait-» elle pas besoin d'être éclairée par une discussion solennelle, consultée, si » nous osons le dire, par le pouvoir social ? Il n'en est pas de l'incrimination » d'une action comme d'une question de droit qui peut subir, sans dommage, » vingt solutions diverses ; la conscience ne se soumet pas à ces viremens de » jurisprudence qui proclament la même action tantôt innocente et tantôt » coupable : quand les mœurs, qui sont aussi des lois, ne lui reconnaissent » plus le caractère d'un crime, ce n'est plus assez de l'autorité d'un arrêt pour » l'incriminer et le punir, il faut la puissance de la loi. (1) »

Placer définitivement et inévitablement le duel sous le coup

(1) *Voy.* dans la *Théorie du Code pénal*, tom. 5, p. 246 et suiv. le travail consacré par MM. Faustin Hélie et Chauveau, à la question du Duel ; travail aussi remarquable que complet, auquel nous empruntons ces lignes et que nous aurons l'occasion et le besoin de citer maintes fois.

de la vindicte publique, le forcer de prendre rang parmi les délits qu'atteint chaque jour et sans discussion possible, le cours ordinaire de la justice, s'allier même au prix de quelques concessions, avec l'opinion qu'on avait toujours eue jusqu'alors pour ennemie, assurer la réforme que cette rigueur doit seconder, par un mode de répression justement proportionnée, puisant la possibilité et la certitude de son application dans son rapport exact avec les véritables caractères du fait incriminé, avec l'état actuel des idées, comme aussi dans le choix de l'autorité appelée à la sanctionner; tel est l'objet que doit se proposer la loi dont les élémens se préparent; sa venue est attendue. Bien formulée, elle conduirait au succès le plus infaillible.

En nous proposant de présenter quelques rapides observations sur un pareil sujet, de rechercher quelle serait la meilleure et la plus inévitable voie de répression, quelles bases il convient d'adopter, quelles conditions semblent imposées dès l'abord, nous avons cru devoir suivre un mode dont les avantages sont unanimement reconnus. Cette discussion comporte en effet, comme préliminaire utile, l'examen analytique des législations étrangères contemporaines. Exposer dans leur ordre successif les moyens auxquels ont eu recours, pour combattre un mal commun, des peuples dont l'organisation sociale et les habitudes s'éloignent peu des nôtres, faire figurer spécialement, parmi ces termes de comparaison, les lois qui, plus récemment promulguées, doivent paraître mieux en harmonie avec les mœurs actuelles, mieux en harmonie avec la raison et l'expérience, c'est fournir matière, sans nul doute, à des rapprochemens féconds en conséquences. En procédant ainsi, d'ailleurs, nous atteignons un autre but, celui d'annoncer et de justifier à l'avance, en les montrant sanctionnés déjà par l'application, les élémens du système que nous accueillerons.

CHAPITRE Ier.

§ 1er. *Analyse sommaire de la législation française antérieure à 1789.*

Pour ménager à la fois une introduction à nos propres développemens et un accessoire au tableau comparatif dont la législation des peuples voisins doit seule nous fournir les élémens, nous aurions pu, en remontant à une autre époque, compulser nos propres annales et y trouver matière à de sérieuses études. Si, en effet, depuis 1789, nous étions, suivant l'expression de M. le procureur-général, *seuls désarmés* devant cet odieux reste de barbarie, la législation antérieure présentait une série de dispositions auxquelles chaque règne avait apporté son tribut; anathèmes non moins formidables par leur nombre que par leur excessive rigueur. Encore que l'effet répondît peu à la menace, les formules existèrent, attendant l'heure d'être vivifiées. De consciencieuses recherches sur les temps qui ont précédé ce long antagonisme entre le duel et la loi, n'eussent à coup sûr point manqué d'intérêt. Elles auraient révélé comment ces pratiques féroces prirent naissance et se confondirent étroitement avec les mœurs, de l'aveu même et sous la consécration du pouvoir souverain, plus tard impuissant à détruire son ouvrage. Nous nous serions efforcés d'indiquer à quelle source le duel avait puisé sa double origine; comment, considéré comme vengeance régulière, légale et autorisée des injures reçues, il procédait chez les barbares de l'esprit guerrier autant que de l'imperfection des rapports sociaux, et à côté d'abus inouis de la force, du déni de justice, se trouva placé, dès l'abord, comme un correctif déplorable, mais essentiel; comment, pris sous son aspect le plus étrange, c'est-à-dire comme la manifestation du droit et de la vérité dans les procès civils ou criminels, il devint, avant le règne de lois meilleures que celles du glaive, avant le merveilleux emprunt fait à la civilisation romaine un instant ensevelie sous les ruines de l'empire, l'auxiliaire peut-être utile, peut-être heureux, peut-être inévitable du droit de la partie troublée dans sa possession, ou mise en péril par une accusation calomnieuse, et qui aimait mieux courir les chances d'un hasard sur lequel sa valeur pouvait influer, que celles de l'ignorance ou de l'injustice du juge (1), comment il fut, dans un temps où l'absence de titres réduisait tous les moyens de preuves à l'enquête et au serment, un refuge contre le parjure de la partie adverse, ou le faux témoignage, pourquoi l'on vit, pendant plusieurs siècles, le clergé convaincu, dans son zèle mal éclairé, qu'il était bon de maintenir l'inviolabilité du serment, même aux dépens de la vie humaine, autoriser par sa tolérance et souvent par son intervention cette étrange procédure. Arrivés à l'époque où les lois, après avoir rempli,

(1) Chez les Gaulois et les Germains toujours armés, conservant par les armes ce qu'ils avaient conquis par les armes, aux yeux d'un chef toujours ceint de l'épée, la contestation de propriété, le procès civil, l'accusation, l'atteinte à l'honneur ou à la sûreté individuelle, devenaient aussitôt l'état de guerre. Les adversaires étaient deux ennemis, la guerre entre eux se vidait comme entre les nations, par les combats, les motifs n'étaient pas plus frivoles.

Le droit le plus fort était le meilleur, parce que celui qui l'invoquait était aussi le meilleur. Manifestation unique, but direct des facultés et des penchans, la bravoure et la science guerrière constituaient la vertu sociale aussi bien que la vertu individuelle. Celui qui ne les possédait point était sans vertus; il allait contre sa destination, et ses habitudes, opposées aux habitudes et aux instincts que les autres puisaient dans la naissance ou la vie commune, indiquaient une nature mauvaise, rebelle, dont il était bon de se défier. Les ressources qu'il n'empruntait point à sa propre force devaient venir d'auxiliaires tels que la ruse et le mensonge. Le courage apportait avec lui la présomption du droit et de la vérité ; la lâcheté entraînait la présomption contraire et l'obligation de faire la preuve. (*Voy.* sur ce point Montesquieu, *Esprit des lois*, liv. 28, chap. 17.) Là d'ailleurs où l'intervention humaine était toujours peu éclairée, bien souvent impuissante, doit-on s'étonner que les parties fussent d'accord pour s'en remettre à l'intervention divine?

sous l'inspiration des idées plus douces qui suivent toujours les idées plus saines, les lacunes que le duel avait eu pour mission de combler jusqu'alors, commencèrent de répudier et de proscrire cet aveugle allié devenu leur ennemi, nous aurions recherché les causes qui rendirent cette proscription toujours vaine.

Néanmoins l'accomplissement de cette tâche aurait agrandi sans mesure et sans profit les limites singulièrement bornées du travail que nous essayons. Déjà elle a été remplie sous plus d'une forme. Outre que les discussions dont l'arrêt de la Cour fut le signal devinrent l'occasion de recherches de cette nature; ce vaste sujet a reçu des publicistes et des érudits qui l'ont traité, les développemens indispensables qu'il comporte (1). Simple accessoire pour nous; excursion téméraire, tout-à-fait en dehors, à beaucoup d'égards, du cadre que nous avons adopté, il se fût produit sous un aspect moindre et insuffisant. D'autre part, d'ailleurs l'étude approfondie de la législation antérieure à 1789 serait purement spéculative et de peu de fruit. La chaîne, en effet, ne peut être renouée, car rien n'a distinctement survécu, soit des institutions politiques et sociales, soit de l'organisation judiciaire qui comportaient de telles dispositions, de telles formes de procéder.

Un simple coup d'œil nous suffira donc pour apprécier cette législation sous un double point de vue, c'est-à-dire dans son esprit, dans ses formules, et ensuite dans son rapport avec le but qu'elle se proposait d'atteindre.

La pratique du duel proprement dit et du combat judiciaire subsista, sans opposition et sans relâche, jusqu'au milieu du onzième siècle. A cette époque seulement se manifestèrent

(1) Voy. notamment l'*Histoire des duels*, par M. Fougeroux de Campigneulles, ouvrage aussi remarquable par le talent de l'écrivain que par la vaste érudition du savant.

quelques efforts pour en diminuer la fréquence. Ces efforts venaient seulement du clergé.

En 1041 intervint la trève de Dieu, *treuga Dei*. Cette ordonnance écclésiastique, arrêtée dans un concile tenu à *Toulujes*, en Roussillon, fut sanctionnée par Henri Ier, roi de France et devint loi de l'état. Elle défendait toute violence, toute voie de fait, et particulièrement les duels, depuis le mercredi jusqu'au lundi de chaque semaine, en mémoire de ce que ces jours avaient été consacrés par la Passion de J.-C. La défense s'étendait également aux grandes fêtes de l'église, et l'excommunication était encourue par quiconque tentait de s'y soustraire. « .... *Quod qui nollet christianitate privaretur, et exeuntem de sæculo nullus visitaret nec sepulturæ traderet.* » Le pape rendit cette ordonnance commune à tous les états chrétiens, « et pendant les jours consacrés les peuples res-» pirèrent (1). »

En 1167, Louis-le-Jeune, dans l'édit qui réformait la coutume d'Orléans, défendit les duels pour les dettes moindres de cinq sous.

A saint Louis, néanmoins, appartenait l'honneur d'attaquer le premier ce préjugé devenu désormais, en face de lois meilleures, anti-religieux et anti-social.

Par un réglement de 1260, il défendit le combat judiciaire dans toutes les justices de ses domaines et ordonna que les appels de faux jugemens portés devant ses cours seraient décidés uniquement d'après les moyens respectifs des parties.

En 1270 parurent les Etablissemens. Il y renouvelle les mêmes défenses et proscrit le duel judiciaire *dans toutes querelles*.

« La sagesse des règlemens de saint Louis, dit M. Henrion de Pansey, et

(1) Voy. Robertson, introd. à l'*Hist. de Charles-Quint*.

» l'exemple des justices royales avaient ramené quelques uns des seigneurs à » des idées plus saines. Mais le nombre en était encore si peu considérable, » trente ans après les Etablissemens, que Philippe-le-Bel, n'osant attaquer » de front cet abus, l'autorise en temps de paix, et ne défend le duel judi- » ciaire que lorsqu'il sera en guerre. C'est la disposition de son ordonnance » de l'an 1296, dont l'art. 2 porte : Tant que la guerre du roi durera, il n'y » aura pas de gage de bataille, et l'on plaidera à l'ordinaire dans les justices » royales et dans les subalternes.

» Cette défense fut si peu respectée, que Philippe-le-Bel fu obligé de la » renouveler par une seconde ordonnance du 9 janvier 1305. Enfin, trois ans » après, il en parut une troisième par laquelle, après avoir déclaré qu'il e » résulté des deux précédentes que beaucoup de crimes sont restés impunis » faute de preuve testimoniale, Philippe-le-Bel ajoute : *Pour ôter aux mau-* » *vais dessus dits toute cause de mal faire, nous avons attrempé nos dittes* » *ordonnances, et voulons qu'il y ait lieu à gage de bataille toutes les* » *fois que le corps de délit sera certain, que le crime emportera peine de* » *mort, qu'il ne pourra pas être prouvé par témoins, et qu'il y aura contre* » *celui qui en sera soupçonné présomption semblable à la vérité.* »

Le roi saint Louis était donc allé trop avant, et son successeur fut contraint de reculer. Néanmoins un pas immense était fait du moment où l'ordonnance de 1306 restreignait le combat permis au cas d'accusation capitale. Remarquez en outre que cette ordonnance ne soumettait point le duel à l'autorisation du roi ou du parlement pour les cas qu'elle prévoyait. Or, cette lacune fut comblée immédiatement. On rencontre, en effet, sous la date de l'année suivante, un monument remarquable qui en fait foi. C'est un mandement adressé au sénéchal de Toulouse et portant que le duel judiciaire ne pourra être ordonné que par le parlement.

« Philippus Dei gratia Francorum rex, senescallo tolosano salutem.

» Cum non sit intentionis nostræ, si inter barones senescalliæ vestræ mo- » veantur seu moveri videantur causæ in quibus debeat seu videatur vadium » duelli incidere, quod vos causas hujusmodi debeatis in assisiis vestris aut » coram vobis qualicumque modo audire, seu qualitercumque tractare.

» Nos, subditorum nostrorum quietem et pacem totis desideriis affectantes, » et in eorum tranquillitate lætantes, mandamus vobis et ex causa quatenus, » quandoque tales causæ movebuntur seu moveri incipient coram vobis, in » eis nullatenus procedatis, nec aliquem coram vobis processum in causis

» hujus modi, etiam ab nuncio fieri permittatis, sed in hujus modi casibus et
» similibus nullo coram vobis habito super eis processu, partes et examen
» nostræ curiæ Parisiis remittatis. »

Aussi est-il mention en 1354, 1386 et 1404 de duels autorisés par le parlement de Paris; l'ordonnance de Charles VI, intervenue en 1409 et qui défend le duel à moins qu'il n'y ait un gage jugé par le parlement ou le roi, n'aurait donc point établi à cet égard un droit nouveau.

En 1547, Henri II assiste au duel de Jarnac et de La Châtaigneraie qu'il avait permis, et effrayé de ses suites funestes, fait serment de refuser désormais toute autorisation.

Par un édit de 1569, Charles IX, changeant le droit établi par l'ordonnance de 1409, se réserve la faculté d'autoriser les duels en connaissance de cause et la retire au parlement (1).

Un édit de Henri IV, du mois d'avril 1602, confirma les peines précédemment prononcées contre les duellistes et créa une juridiction toute nouvelle en renvoyant, au jugement des connétable et maréchaux de France, la partie qui avait souffert d'une atteinte portée à son honneur.

Un nouvel édit, plus sévère que les premiers, est rendu en 1609; mais il ne contenait point encore l'abolition légale et complète du duel; l'article 5 maintenait la faculté d'autoriser.

« .... Nous permettons à toute personne qui s'estimera offensée par une
» autre en son honneur et réputation, de s'en plaindre à Nous ou à nos très-
» chers et amés cousins, les connétable et maréchaux de France, nous de-
» mander ou à eux le combat, lequel leur sera par Nous accordé, selon que
» nous jugerons qu'il sera nécessaire pour leur honneur. »

Louis XIII, en 1626, renouvela les défenses et les peines,

(1) Il usa de sa prérogative pour permettre le combat d'Albert de Luynes et du capitaine Panier. Ce dernier accusait Luynes d'avoir trempé dans la conspiration de Lamole et Coconas (1574).

sans qu'il fût fait mention de cette réserve. Les nombreux édits et déclarations qui se succédèrent à partir de cette époque, notamment ceux du mois de juin 1643 et du mois d'août 1679, présentent un réglement complet, quant à la pénalité, quant au mode de procéder, et leur ensemble constitua la législation *spéciale* du *duel.*

Envisagée dans son esprit, cette législation a pour base un double principe : 1° elle considère le duel comme un attentat à l'autorité du roi, dont toute justice émane, comme une usurpation du droit de souveraineté d'où procède ce droit de justice. En violant la paix publique, il soulève la guerre sans l'agrément du chef de l'état; à ces titres il est qualifié *crime de lèse-majesté;* les coupables sont punis de la confiscation de corps et de biens.

« Si, contre les expresses défenses portées par notre présent édit, l'appelant et l'appelé s'étant battus, l'un d'eux ou tous deux sont tués, en ce cas, » outre la moitié ou le tiers de leurs biens en fonds, laquelle, dès à présent » comme pour lors, nous confisquons....; nous voulons et nous plaît que le » procès criminel et extraordinaire soit fait contre la mémoire des morts, » comme contre criminels de lèze majesté divine et humaine, et que leurs » corps soient traînés à la voierie, défendant à tous curés, leurs vicaires, et » autres ecclésiastiques de les enterrer ni souffrir d'être enterrés en terre » sainte; si l'un de ceux qui seront tués ou tous deux n'ont aucun bien, leurs » enfans, s'ils en ont, seront déclarés roturiers et taillables pour dix ans; et, » s'ils étaient déjà taillables, ils seront déclarés indignes d'être jamais nobles » ni de tenir aucune charge, dignité ou office royal. Que s'il n'y a que l'un » d'eux qui soit tué, en ce cas, outre la confiscation susdite de la moitié ou » tiers du bien, le survivant qui aura tué sera irrémissiblement puni de mort. » (*Art.* 18 *de l'édit du mois de juin* 1643.)

« Le crime de duel ne pourra être éteint, ni par la mort, ni par aucune » prescription..., et pourra être poursuivi, après quelque laps de temps que » ce soit, contre la personne ou contre sa mémoire. » (*Edit du mois d'août* 1679.)

2° C'est un crime *sui generis*; il est placé en dehors des lois ordinaires, sous le rapport de la pénalité aussi bien que sous celui de la procédure. Il est punissable, encore qu'il n'ait point été suivi d'effet, encore qu'il n'y ait point eu de rencontre qui puisse continuer un commencement réel d'exécution. *L'appel* seul est sévèrement puni (1). L'appelant, alors même qu'il n'a été ni l'offenseur ni le provocateur dans la querelle survenue, encourt toujours une aggravation de peine (2); sauf cette légère différence, la culpabilité et le châtiment des deux adversaires sont les mêmes, quelqu'inégales qu'aient été les conséquences du duel, aux termes des articles que nous venons de citer, l'exécution réelle atteint le duelliste sauf ou blessé, l'exécution en effigie flétrit la mémoire du mort; la confiscation frappe sur tous deux.

Enfin, pour enlever tout prétexte de chercher en dehors de la loi une satisfaction qu'elle n'offrirait point, à côté de la juridiction commune se trouve créée une juridiction exceptionnelle, qui a pour mission spéciale de réprimer sur la plainte des offensés, toute atteinte portée à l'honneur. Les juges du point d'honneur sont investis du droit d'infliger dans certaines limites et outre certaines réparations purement révérentielles, les pénalités empruntées au droit commun. Ils disposent de

(1) « L'appelant.... sera privé dès-lors, nonobstant quelques lettres de » grâce ou pardon qu'il puisse après obtenir de nous par surprise, de toutes » les charges, offices, honneurs, dignités, pensions et autres grâces qu'il tien- » dra de nous, sans espérance de les recouvrer jamais, sera banni pour trois » ans hors de notre royaume, et perdra la moitié de son bien... Déclarons en » outre que toutes les maisons seigneuriales et châteaux appartenant auxdits » appelans, seront réputés être compris dans la moitié que nous confisquons, » et ensuite de cela rasés rès-pierres rès-terre, et les fossés comblés pour une » marque perpétuelle de leur désobéissance et de notre justice, etc.... » (*Art. 14 de l'édit du mois de juin* 1643.)

(2) L'art. 17 du même édit porte que si les appelés acceptent le combat, ils seront soumis à toutes les peines portées contre les appelans, avec cette seule différence qu'ils ne perdront que le tiers au lieu de la moitié de leurs biens.

toute l'autorité nécessaire pour faire exécuter leurs jugemens (1).

Si nous recherchons maintenant quels furent, relativement aux fins qu'on se proposait, les résultats de ces nombreuses dispositions, nous ne trouvons qu'une déplorable impuissance. Vainement la loi accumulait les rigueurs et multipliait les menaces; les mœurs et l'opinion furent plus forts qu'elle, et triomphèrent; la sévérité même des édits les frappait de stérilité. Trop au-delà du but, ils devinrent illusoires. Quand la noblesse était décimée par les duels, on ne pouvait se résoudre à la décimer encore par l'application des peines que méritait le duel.

Ensuite, il faut le dire, ces lois furent un odieux et perpétuel mensonge. Les termes de ces ordonnances et leur but témoignaient de la sagesse et de la forte volonté des hommes appelés dans les conseils des rois. Sully, Lhôpital avaient dirigé, les premiers, ces efforts énergiques contre le cruel déportement des siècles qu'ils devancèrent par leurs lumières. L'oubli qu'on s'empressait d'en faire, l'inexécution passée en coutume, témoignaient à leur tour de la complicité des rois, de leur transaction avec le désordre, de leur connivence avec des mœurs qui procédaient d'eux, quand ils n'en subissaient pas l'influence (2). Après avoir consenti à signer ces édits et

(1) L'édit du mois de septembre 1651, en maintenant les maréchaux juges du point d'honneur, leur confère le pouvoir de commettre un ou plusieurs gentilshommes dans chaque sénéchaussée ou bailliage, pour recevoir avis des différends qui seraient de leur ressort et les renvoyer devant eux. La force publique est tenue d'obéir à ces gentilshommes.

Ceux qui, par hasard ou autrement, verrons commettre quelque offense à l'honneur, sont obligés, sous peine d'être considérés comme complices des dites offenses, d'en prévenir les gentilshommes ou maréchaux.

(2) Le roi Henri IV, qui aimait l'épée, ne refusa jamais le pardon à ceux qui s'en étaient servis dans les combats singuliers. Pendant son règne, 14,000

au moment de les exécuter, ils écoutaient les conseils de leur caractère guerrier, chevaleresque ou orgueilleux. L'esprit de cette noblesse les animait aussi. Quand un combat leur était connu, ils ne pouvaient s'empêcher d'absoudre celui qui avait bravement tiré l'épée et lui rouvrir bientôt l'accès de leur cour. Celui-là même, dont les édits sont les plus complets et les plus impitoyables, ne craignit pas d'encourager à la désobéissance par le regard sévère et la disgrâce qu'il réservait au gentilhomme qui n'avait pas su maintenir le point d'honneur en toute occasion et par toute voie (1).

Ce fut donc un triste spectacle que de voir pendant trois siècles, le crime se produire chaque jour en face, et au mépris de la loi destinée à le prévenir ou à le réprimer. Mieux eût valu l'impunité en droit comme en fait. Le mal n'eût pas été plus grand et on aurait évité un détestable désordre, que doit craindre par-dessus tout un peuple qui tient à ses institutions. Le fléau désola la France pendant tout ce temps, et ses ravages furent épouvantables. « Le plus beau » sang de l'Europe fut versé dans les duels, dit Robertson, et

lettres de grâce furent accordées pour ce fait. Beaucoup échappèrent aux poursuites.

« On lit dans les Mémoires de Sully, et dans le *Journal de Lestoile*, qu'en » mars 1607, M. de Leoménie rapporta combien il avait péri de gentilshommes » français par les duels depuis l'avénement de Henri IV, en 1589, et qu'il s'en » était trouvé 4,000 de compte fait. Ce qui, pour un espace de 17 à 18 ans, » donne au-delà de 220 par an. » (*Hist. des duels*, tome Ier, p. 175.) *La facilité du roi à pardonner les duels*, dit Sully au livre 25 de ses Mémoires, *les multiplia tellement, que ces funestes exemples perdirent la cour, la ville et tout le royaume.*

(1) « Telle fut à l'égard des duels la politique réelle de Louis-XIV, et la » manière dont il fit exécuter ses nombreuses ordonnances. Son indulgence » se signala même envers plusieurs femmes qui jouèrent le rôle de duellistes... » Jamais sous son règne un officier n'eût impunément refusé un duel; jamais » aucun chef militaire n'eût souffert qu'on s'abstînt d'en proposer dans tous » les cas où l'usage avait consacré cette forme de réparation. L'officier chassé » aurait eu tout-à-fait mauvaise grâce de se plaindre à la cour où ses doléances » auraient été fort mal reçues. » (*Hist. des duels*, tome Ier, p. 243.)

» il y eut des temps où les querelles d'honneur furent plus » destructives que les guerres nationales. » (*Introduction à l'Histoire de Charles-Quint.*)

Chaque époque donne au duel un aspect particulier, au seizième siècle, le contact fréquent avec les Espagnols, venus pour préparer et fomenter la ligue, met la témérité plus à la mode. Les Italiens, amenés à la suite des Médicis, ne contribuent pas peu à le faire dévier de l'antique honneur. Ces maîtres dans l'art de l'escrime, introduisirent des ruses et des pratiques funestes. La loyauté des aïeux n'ennoblissait plus le combat. On ne tirait pas bravement et inopinément le fer de son fourreau pour protéger la vie ou l'honneur mis en péril. L'effronterie, l'aveugle et impie dédain de la vie avaient pris la place du vrai courage. Les rencontres étaient provoquées par des motifs futiles ou honteux. Le duel à outrance suivait volontiers les propos galans, les propos de table; il était le compagnon inséparable des sales débauches; heureux quand on n'en fit point un auxiliaire de l'assassinat, quand il ne devint pas un ministre de vengeance plus sûr et aussi prompt que les poisons florentins. L'assassin gagé de Charles IX, Maureval, qu'on appelait *le tueur du roi*, compta le duel parmi ses moyens.

A partir du dix-septième siècle et du régime de Louis XIII, la noblesse souvent inoccupée dans l'intervalle des guerres, déshéritée de son pouvoir, obligée d'emplir la cour et d'en partager les intrigues, se plut à ensanglanter ses loisirs. Quand plus tard vinrent les troubles de la minorité de Louis XIV, un nouveau feu se trouva entretenu par ce choc d'esprits inquiets, factieux, qu'avait suscités la fronde. Le caractère mesquin et ridicule de cette insurrection se retrouva dans les rencontres dont elle fut l'occasion (1). Sous la régence et le règne de Louis XV, les duels participèrent des habitudes de rouerie, d'impudeur, d'abnégation de toute vertu et de toutes croyances, qui furent le cachet de l'époque; l'impunité leur fut également acquise.

Si les ordonnances étaient ainsi vaines et éludées, que dire de la juridiction des juges du point d'honneur? elle ne remplit pas davantage son but, qui était de prévenir. Sans doute, il y avait d'heureux effets à attendre du choix de pareils arbitres qui, pour beaucoup d'entre la noblesse, étaient plus que des pairs, et que nul n'avait droit de récuser, mais la pratique de leur mission fut loin d'être un obstacle à la fréquence des duels et rarement leur intervention aboutit à la conciliation ou au jugement. On n'en sera point étonné si on songe que la plupart de ces juges honorait et avait encensé plus d'une fois le préjugé qu'il leur fallait proscrire, si on songe comment d'ailleurs devaient se résoudre les doutes élevés sur l'interprétation de leur Code subtil, par ceux-là même auxquels on l'appliquait, si on réfléchit en outre que le champ clos était le seul tribunal d'appel.

Ne craignons point de le dire, puisque les faits sont debout à nos côtés, avec leur incontestable gravité, et ne nous démentent point. Le résultat le plus direct de l'institution des juges

(1) « L'esprit de discorde et de faction avait passé de la cour jusqu'aux » moindres villes. On se disputait par tout, il n'y avait rien de réglé. Il » n'y avait pas jusqu'aux paroisses de Paris qui n'en vinssent aux mains. Les » processions se battaient les unes avec les autres pour l'honneur de leur bannière. On avait vu souvent les chanoines de Notre-Dame aux prises avec » ceux de la Sainte-Chapelle.

» Le parlement et la chambre des Comptes s'étaient battus pour le pas, » dans l'église de Notre-Dame, le jour que Louis XIII mit son royaume sous » la protection de la vierge Marie. Presque toutes les communautés du royaume » étaient armées. Presque tous les particuliers respiraient la fureur du duel. » (Voltaire, *siècle de Louis XIV*.)

du *point d'honneur* fut de reconnaître le faux dieu et de maintenir ses autels ensanglantés par tant de sacrifices. Le caractère à la fois puéril et humiliant des réparations qu'ils étaient en droit d'imposer (1) ; l'exagération de la gravité de certaines offenses (2) ne contribua pas peu sans doute à entretenir de fausses susceptibilités, à susciter d'amers ressentimens.

(1) « Considérant que dans les offenses il faut considérer, avant toutes » choses, si elles ont été faites sans sujet, et si elles n'ont point été repoussées » par quelque repartie ou revanche plus atroces, nous déclarons que dans » celles qui auront été ainsi faites sans sujet, et qui n'auront point été repous- » sées, si elles consistent en paroles injurieuses, comme *sot*, *lâche*, *traître*, » et autres semblables, on pourra ordonner pour punition que l'offensant » tiendra prison durant un mois..., et qu'après qu'il sera sorti de la prison, » il déclarera à l'offensé que mal à propos et impertinemment il l'a offensé » par des paroles outrageuses qu'il reconnaît être fausses et lui en demande » pardon.

» ..... Pour les offenses actuelles de coups de main et autres semblables...; » l'offensant tiendra prison durant six mois.., et après qu'il sera sorti de » prison, il se soumettra encore à recevoir de la main de l'offensé des coups » pareils à ceux qu'il aura donnés, et à déclarer, de paroles et par écrit, qu'il » l'a frappé brutalement, et le supplie de lui pardonner et oublier cette of- » fense.

» Pour les coups de bâton et autres pareils outrages, l'offensant tiendra » prison un an entier, et ce temps ne pourra être modéré sinon de six mois en » payant 3,000 liv. d'amende, etc..., et après qu'il sera sorti de prison, il » demandera pardon à l'offensé, le genou en terre, se soumettra en cet état » de recevoir de pareils coups, le remerciera très-humblement, s'il ne lui » donne pas comme il pourrait le faire, et déclarera en outre, de paroles et » par écrit, *qu'il l'a offensé brutalement*, *qu'il le supplie de l'oublier*, » *et que s'il était en sa place*, *il se contenterait des mêmes satisfactions*, » et dans toutes les offenses de coups de main, de bâton et autres semblables, » outre les susdites punitions et satisfactions, on pourra obliger l'offensé de » chatier l'offensant par les mêmes coups qu'il aura reçus, quand même il au- » rait la générosité de ne les vouloir pas donner.... » (*Règlement des maréchaux* de France du 22 août 1653.)

(2) « Si, par le rapport des présens, ou par d'autres preuves, il paraît » qu'une injure ait été faite de dessein prémédité, de gaieté de cœur et avec » avantage, nous déclarons que, selon les lois de l'honneur, l'offensé peut » poursuivre l'aggresseur et ses complices par devant les juges ordinaires, » *comme s'il avait été assassiné*, et le procédé ne doit point sembler étrange,

§ II. *Examen des législations étrangères.*

Parmi les peuples de l'Europe moderne, les Turcs seuls ne connaissent pas le duel, et sous ce rapport leur civilisation fait honte à la nôtre. Ces homicides coutumes d'Occident sont pour eux un sujet de mépris. Au seizième siècle, Véli-beg, sangiac de Hongrie pour le grand-seigneur, irrité contre un sangiac voisin nommé Arslambeg, l'appela en champ clos. Il fut aussitôt mandé par le divan et censuré en ces termes :

« Quoi ! tu as osé appeler en combat singulier ton compagnon de service !
» Manquait-il donc de chrétiens contre qui tu pusses tirer l'épée ? Vous qui
» vivez tous deux du pain de sa hautesse, vous auriez osé mettre votre vie au
» hasard d'un combat ! De quel droit ? et où en avez vous pris l'exemple ? Igno-
» riez vous que, quel que fût celui qui aurait succombé, c'était une perte pour
» votre maître ? » (Voy. *Hist. des duels*, tome II, pag. 582.)

Dans presque tous les autres états européens, à côté du mal dont l'origine remonte, comme en France, aux premiers âges de la barbarie, se trouvent des efforts plus ou moins rationnels, plus ou moins efficaces pour le réprimer.

Nous pouvons diviser les législations en deux séries : la première série comprend celles qui se préoccupent uniquement des résultats du duel et punissent l'auteur du meurtre et des blessures; la seconde présente celles qui considèrent le duel comme un délit spécial aggravé seulement par ses résultats, existant indépendamment d'eux.

» puisque celui qui offense un autre avec avantage se rend par cette action
» indigne d'être traité en gentilhomme.... » (*Règlement de* 1653.)

PREMIÈRE SÉRIE.

Angleterre.

Les duels judiciaires furent autorisés dans ce pays comme dans le reste de l'Europe; mais, par un rare privilége, cette barbare institution y a survécu *de droit* sinon *de fait*, jusqu'à nos jours.

« Chose que l'on aurait peine à croire si on ne connaissait la scrupuleuse » fidélité des Anglais à leurs vieilles lois, l'ancienne législation sur les combats » judiciaires fut encore invoquée et appliquée en 1817. Voici à quelle occa- » sion :

» Un nommé Thornton, poursuivi criminellement pour le meurtre d'une » jeune fille par le frère de celle-ci, fut acquitté par le jury. Il y eut appel » devant la cour du banc du roi. Là, Thornton offrit de se justifier par le » combat singulier. Les juges, ayant consulté la loi, reconnurent que, quoique » tombée en désuétude, elle n'était pas formellement abrogée, et en consé- » quence ils ordonnèrent le duel; mais l'adversaire se désista de l'appel et le » combat n'eut pas lieu. On songea alors à rapporter la loi, et ce ne fut qu'en » 1819 que le parlement en prononça l'abrogation. » (*Hist. des duels*, t. II, p. 123, et Taillandier, *lois pénales de France et d'Angleterre*, pag. 23. Paris, 1824.)

La première mesure législative intervenue pour réprimer les duels volontaires non autorisés, est un arrêt de la *chambre étoilée* (l'une des quatre cours souveraines de Westminster), rendu en 1614, et qui défend les duels, déclarant coupables d'homicide et de lèse-majesté ceux qui contreviendront à la défense.

Plus tard, à l'occasion d'un défi porté à son gendre Ireton par lord Holles, l'un des chefs du parti presbytérien, Cromwell publia l'ordonnance suivante :

« Le duel sur des querelles particulières étant une chose désagreable à Dieu, » malséante aux chrétiens, et contraire à tout bon ordre et gouvernement, » pour empêcher que ce mal, qui commence à circuler en cette nation, ne » s'y entretienne davantage, il est ordonné par son altesse le seigneur protec-

» teur de la république d'Angleterre, Ecosse et Irlande, par l'avis et consen-
» tement de son conseil, que tous ceux qui, après le 10 juillet prochain, ap-
» pelleront ou feront appeler par message, parole, écrit ou autre voie, accep-
» teront cartel ou le porteront, seront mis en prison sans autre formalité
» pour y demeurer six mois entiers jusqu'aux prochaines assises, et n'en sorti-
» ront qu'en donnant caution de se conduire pendant un an paisiblement et
» en gens de bien. » (*Hist. des duels*, tome II, p. 130.)

Le droit commun fournit maintenant les seuls modes de répression qu'on puisse invoquer.

Blakstone, en mettant le duel au nombre des offenses contre la paix publique qui constituent des *félonies*, s'exprime ainsi :

« Il est des cas où le meurtre accidentel commis *pro se defendendo*, rend
» coupable de crime d'homicide, comme, par exemple, celui qui donne la
» mort à un autre en combattant régulièrement avec lui. »

Plus loin il ajoute :

« La préméditation est évidemment expresse dans le cas d'un duel convenu,
» où les deux adversaires se rencontrent au lieu du rendez-vous, avec l'inten-
» tion avouée de commettre un homicide, dans l'idée qu'ils agissent comme
» le doivent des gens d'honneur, et qu'ils ont le droit de se jouer de leur
» propre vie comme de celle de leurs semblables, sans y être autorisés par
» aucune puissance divine et humaine, et en offensant au contraire directe-
» ment les lois de l'homme et de Dieu. Aussi la loi a-t-elle avec justice déclaré
» les duellistes coupables de meurtre et punissables comme tels, ainsi que
» leurs seconds. » Il signale les difficultés que fait naître en Angleterre comme
en France la contradiction entre le préjugé et la loi. « Pour combattre, dit-
» il, la crainte du mépris même non mérité, qui résulte des fausses notions
» de l'honneur trop généralement reçues en Europe, il faut un tel degré d'une
» sorte de courage passif, que les défenses et les peines les plus sévères pro-
» noncées par la loi ne seront jamais d'une efficacité suffisante pour déraciner
» ce malheureux abus ; jusqu'à ce qu'on imagine un moyen d'obliger le premier
» agresseur à faire à l'offensé quelque autre satisfaction, telle qu'on la juge-
» rait dans le monde égale à celle qui est donnée, aujourd'hui, au hasard de
» la vie et de la fortune, tant de l'offensé que de celui qui l'a insulté. » (Liv. 4,
chap. 14, tome V, p. 545, traduction de Chompré, édit. de 1823.)

La législation anglaise ne renferme donc, comme la nôtre, rien de précis, rien de spécial relativement au duel ; comme la nôtre, elle emprunte, à tort, et par voie de déduction, une pénalité faite pour d'autres cas. Un passage de Blakstone semblerait donner à entendre que le duel non suivi de résultats est passible cependant de quelque châtiment.

Il dit, *au chap. 2 du livre 4* :

« Les offenses qui suivent contre la paix publique ne sont que des délits et » non des félonies.

« Telles sont les batteries (*Affroys*) entre deux personnes, ou plus, sur » une place publique, actes qui effraient les particuliers ; car se battre dans » un lieu privé, cela ne s'appelle pas *affroy*, mais *assault* ; tout individu » présent peut s'entremettre pour faire cesser ces batteries, et quelles que » soient les conséquences de ses efforts pour séparer les combattans, elles sont » toujours excusées par la loi... La punition pour les batteries ordinaires est » l'amende et l'emprisonnement ; elle doit se régler d'après les circonstances » de l'affaire et croître en proportion s'il en est de véritablement aggravan- » tes. Si, par exemple, deux personnes s'engagent dans un duel, avec pré- » méditation et de sang-froid, comme il s'ensuit qu'il y a intention apparente » de tuer, qu'on en peut craindre l'effet et que c'est une insulte grave à la » justice nationale, c'est une circonstance très-aggravante de la batterie, même » quand il n'en résulterait pas un mal effectif. » (*Liv. 4, chap. 2, tom. 5, p. 440.*)

L'impunité suit cependant toujours ces graves désordres, comme en France ; parmi les duels que la position des combattans rendait plus célèbres et en même temps plus offensans pour la loi, on peut citer ceux qui eurent lieu ;

Entre le ministre Pitt et M. Tierney, membre de la Chambre des communes ;

Entre lord Castelreagh et Canning, tous deux ministres (1809) ;

Entre lord Wellington, premier ministre, et lord Winchelsea, membre de la chambre des lords (1829) ;

Entre M. Morgan O'Connel, fils du député d'Irlande, et lord Alvansey, membre de la chambre haute.

Aucun de ces duels n'ayant été suivi d'*homicide*, ne fut poursuivi. Les poursuites d'ailleurs n'aboutissent qu'à des scandales, comme on doit s'y attendre d'après le système qui les dirige. En 1833, une femme de Dublin se battit en duel, *sans témoins*, avec une autre femme qu'elle tua. Traduite devant la cour d'assises de Leinster, en Irlande, sous la *prévention de meurtre*, elle fut acquittée par le jury et *portée en triomphe par le peuple*. On oublia la gravité du procès pour ne songer qu'à sa singularité unique dans les fastes judiciaires.

Le code militaire renferme quelques dispositions spéciales, et, tout en laissant sous l'empire du droit commun les résultats de la rencontre, prévoit la simple provocation.

La section 7 des *articles de guerre* est ainsi conçue :

« Art. 1er. Aucun officier, officier non commissionné ou soldat, n'en injuriera ou n'en provoquera un autre, de paroles ou de gestes, sous peine, si c'est un officier, d'être mis aux arrêts, ou, si c'est un officier non commissionné ou un soldat, d'être emprisonné et de demander pardon à la partie offensée, en présence de son officier commandant.

« Art. 2. Aucun officier, officier non commissionné ou soldat, ne donnera ou n'enverra un cartel à un autre, sous peine, si c'est un officier commissionné, d'être cassé ; si c'est un officier non commissionné ou soldat, d'une peine corporelle ou d'emprisonnement, à la discrétion de la Cour martiale.

« Art. 3. Tout officier commissionné ou non commissionné, commandant une garde, qui souffrira sciemment et volontairement qu'une personne quelconque sorte pour se battre en duel, sera considéré comme auteur, de même que tous seconds, promoteurs ou porteurs de cartels, et seront punis en conséquence.

« Art. 4. Tout officier, quel que soit son rang, a le pouvoir d'empêcher ou de réprimer toute querelle, tout combat ou désordre, quand même les contrevenans appartiendraient à un autre régiment ou à une autre troupe, et d'ordonner aux officiers les arrêts, et aux officiers non commissionnés ou soldats, la prison, jusqu'à ce que leur propre officier supérieur en soit instruit, et quiconque refusera d'obéir à un tel officier (quand même il serait d'un rang inférieur), ou qui tirera son épée contre lui, sera puni à la discrétion de la Cour martiale générale.

« Art. 5. Tout officier, officier non commissionné ou soldat qui en insultera un autre pour avoir refusé un cartel, sera considéré comme auteur ; et aussi nous déchargeons tout officier et soldat de toute opinion désavantageuse à laquelle pourrait donner lieu leur refus d'accepter un cartel, parce qu'en cela ils auront obéi à nos ordres et rempli leurs devoirs en bon soldats soumis à la discipline. »

Belgique.

Dans toutes les provinces désignées autrefois sous le nom de *Pays-Bas*, le droit d'autoriser les duels fut d'abord, comme dans les autres états, un attribut de la souveraineté. Au temps de la domination des comtes de Flandre, nul ne pouvait se battre sans leur congé.

Au dix-septième siècle seulement, la loi commence de lutter avec une énergie réelle.

En 1610, premier arrêt de défense que reproduit en 1636 un *placard* publié par ordre de Philippe IV, roi d'Espagne.

Un *placard* publié à Bruxelles, le 23 novembre 1667, déclare les duellistes coupables de lèse-majesté divine et humaine, les tient pour *gens infâmes* de fait et de droit, et prononce contre eux la confiscation *de corps et de biens*, avec protestation de ne faire aucune grâce.

Un *placard* publié à Ypres, le 14 août 1671, étend ces dispositions aux militaires qui étaient exceptés d'abord (*Hist. des duels*, *tome* 2, *p.* 52). Ces ordonnances ne furent toutefois, comme celles qu'on publiait alors en France, qu'un vain épouvantail.

L'époque contemporaine nous montre d'abord, avec l'introduction du code pénal français de 1810, l'introduction de l'impunité qu'il consacrait.

Le 19 décembre 1834, à la suite des désordres qui éclatèrent en Belgique à cette époque, M. de Pelichy, sénateur belge, interpella le ministre de la justice et demanda qu'il fût présenté dans le plus bref délai un projet de loi sur le duel. Le ministre répondit qu'il croyait *la législation actuelle suffisante*, et annonça ainsi que la jurisprudence belge voulait cesser tout à coup de reconnaître le silence du code pénal.

Par arrêt du 12 février 1835, la Cour de cassation de Bruxelles, devançant la Cour de cassation de France, déclara, en effet, que les suites d'un combat singulier rentraient, à titre d'homicide ou de blessures, dans le droit commun et dans les cas prévus par les art. 295 et suivans, 309 et suivans.

Bientôt se produisirent les conséquences immédiates d'un pareil système. L'inefficacité du mode de répression que consacrait la jurisprudence, et ses inconvéniens nécessitèrent l'intervention du législateur qu'on avait en vain tenté de rendre inutile.

Dès l'année suivante, le sénat nomma une commission chargée d'examiner une proposition faite par M. le baron de Pelichy-van-Huerne. Cette commission rédigea un projet en 19 articles ainsi conçus :

» Art. 1. Est qualifié duel un combat régulier entre deux ou plusieurs per-
» sonnes, en présence de témoins, avec des armes meurtrières et précédé
» d'une convention qui en règle le lieu, l'époque et le mode.

» Sont réputés témoins du duel ceux qui sont appelés ou choisis par les
» parties pour régler les conditions et veiller à leur exécution.

» Art. 2. Le cartel ou la simple provocation en duel sera puni d'un empri-
» sonnement de un à trois mois et d'une amende de 100 à 500 francs.

» Art. 3. La même peine pourra être appliquée à celui qui, par une con-
» duite injurieuse ou outrageante, aurait donné lieu à la provocation ; seront
» punissables de la même peine ceux qui, à propos du refus d'une personne
» de se battre, l'auront injuriée ou auront décrié publiquement sa conduite.

» Art. 4. Lorsque le duel aura reçu un commencement d'exécution, c'est-à-
» dire lorsque les combattans ou l'un des deux auront fait usage de leurs ar-
» mes sans qu'il en soit résulté ni homicide ni blessures, ils seront punis de
» deux mois à un an d'emprisonnement et d'une amende de 200 à 1,000
» francs.

Art. 5. Lorsqu'il ne sera résulté du duel que des blessures simples ou lé-
» gères, celui qui les aura faites sera puni de trois à dix-huit mois d'empri-
» sonnement et de 300 à 1,500 francs d'amende.

» Art. 6. Lorsque les blessures infligées en duel auront occasioné une
» maladie ou incapacité de travail personnel de plus de 20 jours, l'auteur de
» ces blessures sera puni de six mois à deux ans d'emprisonnement et de 500
» à 2500 francs d'amende.

» Le coupable encourra, en outre, la perte de ses emplois, traitemens et » pensions civiles ou militaires, du droit de porter des décorations, et il » pourra être interdit de tout ou partie des droits civiques, civils et de » de famille, énoncés en l'art. 42 du Code pénal, le tout pendant un temps » égal au moins à celui de l'emprisonnement auquel il aura été condamné. Ce » temps courra à compter du jour où le coupable aura subi sa peine.

» Art. 7. Lorsque le duel aura été suivi de mutilation grave, perte d'un » membre, ou d'une maladie qui aura duré plus de 40 jours, le coupable sera » puni de un à cinq ans d'emprisonnement et de 1,000 à 5,000 francs d'a- » mende. Il encourra, en outre, la perte, etc. (*Reproduction du final de* » *l'art.* 6.)

» Art. 8. Quiconque, en se battant en duel, aura donné la mort à son ad- » versaire, ou lui aura fait des blessures graves qui auront occasioné sa » mort, sera puni d'un emprisonnement de deux à dix ans, et d'une amende » de 2000 à 10,000 francs. Il encourra, en outre, la perte, etc. (*Reproduction* » *du final de l'art.* 6, *avec cette modification que la durée de la privation* » *des traitemens et droits énumérés peut être prolongée jusqu'au double* » *de la durée de l'emprisonnement.*)

» Art. 9. Le maximum des peines ci-dessus sera toujours appliqué à celui » qui aura donné la mort à son adversaire dans un duel à outrance.

» Est réputé *duel à outrance* celui qui aura eu lieu sous des conditions » telles que la mort de l'un des combattans devait nécessairement ou très-pro- » bablement s'ensuivre.

» Art. 10. Lorsque le duel aura eu lieu sans témoins, les peines prononcées » respectivement par les articles précédens seront élevées au double du maxi- » mum, suivant le résultat du combat, et ne pourront jamais être réduites. Les » prévenus ne pourront se soustraire à l'application de cette disposition qu'en » prouvant que la rencontre a eu lieu en présence de témoins, avec désigna- » gnation du lieu et de l'époque.

» Celui qui, dans un duel, sans témoins ou en présence de témoins, aura » donné la mort à son adversaire ou lui aura infligé des blessures avec perfi- » die et déloyauté, restera passible des peines prononcées par le Code pénal, » et ne pourra invoquer les dispositions de la présente loi.

» Art. 11. Les blessures reçues en duel ne pourront être invoquées par » les combattans pour les soustraire à l'application de la peine qu'ils au- » raient encourue respectivement, sauf au jury à y avoir égard, s'il y a lieu, » pour la déclaration des circonstances atténuantes et aux juges à les prendre » en consideration pour l'application de la peine.

» Art. 12. Les témoins ne seront réputés complices du duel que dans le cas » ou, par dons, promesses, abus d'autorité ou de pouvoir, machinations ou » artifices coupables, ils auraient provoqué à le commettre. Dans tous les » autres cas les témoins seront punis de peines dont le *minimum* ou le » *maximum* ne pourra dépasser la moitié de celles prononcées respective- » ment contre les combattans. Cependant aucune peine ne pourra être pro-

» noncée contre les témoins lorsque le duel, quoiqu'ayant eu un commence-
» ment d'exécution, n'aura pas été suivi de la mort d'un des combattans ou
» lorsqu'il n'en sera pas résulté de blessures. Dans aucun cas la peine de la
» privation des fonctions, traitemens, pensions civiles ou militaires, du droit
» de porter des décorations, des droits civiques, civils et de famille, ne
» pourra être prononcée contre les témoins.

» Art. 13. En cas de récidive, le maximum des peines encourues devra
» toujours être prononcé, et cette peine pourra même être élevée jusqu'au
» double, quant à l'emprisonnement et à l'amende.

» Art. 14. Dans les cas déterminés par les art. 2, 3, 4 et 5 de la présente
» loi, la poursuite aura lieu devant les tribunaux correctionnels, dans tous
» les autres cas, l'affaire sera portée devant les Cours d'assises et soumise au
» jury.

» Art. 15. Dans toutes les poursuites qui auront lieu pour fait de duel, il
» sera permis au jury, dans son verdict, et aux juges dans leur jugement, de
» déclarer l'existence de circonstances atténuantes, et lorsqu'elle aura été
» reconnue, les tribunaux pourront réduire toutes les peines à la moitié du
» minimum fixé par la présente loi.

» Pour l'exécution de la disposition qui précède, le président de la Cour
» d'assises, après avoir posé les questions résultant de l'acte d'accusation et
» des débats, devra, à peine de nullité, avertir le jury que s'il pense, à la ma-
» jorité de sept voix au moins, qu'il existe des circonstances atténuantes en
» faveur d'un ou de plusieurs des accusés reconnus coupables, il devra en faire
» la déclaration en ces termes : *à la majorité des voix, il y a des circon-*
» *stances atténuantes en faveur de tel accusé.*

» Art. 16. Le recours en dommages-intérêts contre celui qui aura donné la
» mort ou fait des blessures, sera toujours ouvert, soit devant les Cours
» d'assises et les tribunaux correctionnels, soit devant les tribunaux civils,
» conformément à la législation existante pour tous autres crimes ou délits.
» Les réparations civiles ne pourront jamais être inférieures aux amendes aux-
» quelles les coupables auront été condamnés.

» Art. 17. Ceux qui se seront battus en duel seront tenus solidairement des
» amendes, des réparations civiles et des frais, la solidarité s'étendra de
» droit aux témoins lorsqu'il s'agira d'un duel à outrance. Les tribunaux
» pourront la prononcer dans tous les autres cas suivant les circonstances.
» Le tout sera recouvrable par la voie de la contrainte par corps.

» Art. 18. Les Belges qui se seront battus en duel contre des Belges, hors
» du territoire du royaume, pourront à leur retour en Belgique, être pour-
» suivis et jugés conformément à la présente loi, s'ils n'ont pas été jugés
» pour ce fait en pays étranger. La poursuite aura lieu d'office et sans qu'i
» soit besoin d'aucune plainte des partie lésées. Il en sera de même des té-
» moins belges qui auront assisté au duel qui aurait eu lieu entre des Belges
» hors du territoire du royaume.

» Art. 19. Les dispositions de la présente loi seront applicables aux Belges » militaires, ainsi qu'aux étrangers au service de la Belgique.

Ce projet, envisagé dans son ensemble, était complet et sagement conçu. Considéré dans ses détails, il présentait plus d'une disposition difficile à justifier et qu'il ne convenait point de maintenir.

Législation spéciale, il remplissait parfaitement le programme et les conditions qu'impose ce titre. Il rompait avec le droit commun en repoussant à la fois ses définitions et ses pénalités excessives. Il saisissait le fait incriminé dans son principe, et ne le perdait de vue dans aucune de ses circonstances.

Les peines s'y élevaient suivant une progression assez bien calculée pour satisfaire suffisamment, d'une part, la vindicte publique, et d'autre part, pour inviter sans cesse les coupables à un salutaire retour dans l'intervalle de tentatives infructueuses, en les effrayant par la perspective de l'aggravation du châtiment qui devait suivre l'aggravation des circonstances du combat.

Enfin par la grande latitude laissée entre le *minimum* et le *maximum*, il permettait assez d'atténuation pour écarter du juge le désir de l'impunité.

Parmi ses imperfections on remarque l'élévation soudaine et trop disproportionnée du châtiment, au cas de blessures d'une certaine gravité ou de mort d'un des combattans. Un tel procédé semble peu logique quand on est forcé d'admettre, que du moment où les deux adversaires ont passé outre au combat, leur intention, et, par une conséquence immédiate, leur criminalité sont les mêmes, quelles que soient les suites du duel (1). Ils ont recours aux mêmes

(1) Nous ne parlons point du cas où les parties sont convenues d'un duel à *outrance*.

moyens; ils poursuivent le même but; la différence des résultats obtenus par eux tient le plus souvent au hasard.

Sans doute la loi, en aggravant la peine à raison des blessures ou de la mort, se préoccupe moins de l'intention, évidemment demeurée la même, que de la perturbation de l'ordre public, incontestablement plus compromis en de telles circonstances; et par cela même qu'elle considère alors par dessus tout un élément pour ainsi dire matériel, le préjudice causé à la société par la mutilation ou la perte d'un de ses membres, il convient que l'auteur direct de ce préjudice en supporte seul la responsabilité, et souffre de la différence produite par un mal dont il a été l'agent. Vainement se plaindrait-il d'ailleurs d'être sacrifié à des considérations prises en dehors de sa culpabilité, puisqu'après tout il a été agent volontaire. Mais toutefois le principe même de l'aggravation, plus exemplaire qu'expiatoire, indique qu'elle doit être maintenue dans des limites fort restreintes.

Considéré sous un autre rapport, le projet de la commission appelait une critique bien plus grave. Il renfermait en lui-même un germe destructeur, un principe, sinon d'abrogation complète ou de désuétude, du moins d'abrogation partielle, relative, dépendant des circonstances, des préjugés, du caprice ou de l'erreur. Ce germe, ce principe, était l'intervention du jury admise en règle générale par son article 14, toutes fois que le duel a été aggravé par ses circonstances, disposition qui tend à ce résultat singulier, d'assurer la répression dans les cas de médiocre importance, tandis qu'elle la rend plus qu'équivoque dans les cas sérieux, et où le scandale doit être plus grand.

Nous émettons d'avance une proposition hardie, presque téméraire, en disant qu'il faut repousser cette compétence, juste objet des prédilections du pays ; et cependant c'est là une thèse que nous formulons dès à présent sans hésiter, en nous réservant de développer en autre lieu, et quand nous aurons pénétré plus avant dans la discussion, les motifs irrécusables qui la justifient à nos yeux.

Ajoutons seulement, quant à présent, qu'elle est absolue dans notre pensée. Il ne faut pas d'omnipotence en matière de duel ; je me trompe, il n'en faut d'autre que celle de la loi. Nous craindrions de voir le jury paralyser peut-être inévitablement les efforts tentés de la meilleure foi, les efforts les mieux éclairés et introduire l'absolution publique, l'impunité juridique cent fois pire que l'impunité légale.

Ce ne fut pas néanmoins l'imperfection facile à réparer du projet de la commission, qui frappa tout d'abord, car on lui préféra un instant des dispositions bien moins rationnelles, bien moins susceptibles d'application, bien moins sagement coordonnées. Le ministre de la justice avait proposé, de son côté, un projet deloi qui fut annulé.

Les premiers articles de ce projet, prévoyant le cas de *duel* non suivi d'effets ou suivi seulement de blessures légères, punissaient la provocation d'un emprisonnement de 1 à 3 mois et d'une amende de 100 à 500 francs. La même peine atteignait ceux qui auraient décrié ou injurié publiquement un citoyen pour avoir refusé un duel. L'auteur des blessures ayant occasioné une maladie ou incapacité de travail personnel de moins de 20 jours, encourait un emprisonnement de 4 mois à 2 ans, et une amende de 400 fr. à 2,000 francs. —L'art. 5 renvoyait au Code pénal *pour les cas d'homicide et de coups et blessures ayant occasioné une maladie ou incapacité de travail personnel de plus de 20 jours.*

Les complices étaient punis de la même peine que les auteurs, et le projet adoptait pour définir les cas de complicité, l'énumération de l'art. 60 du Code pénal; il prévoyait le cas où les témoins, n'ayant pas partagé les excès des combattans, ne devaient point être considérés comme complices, et les rendait passibles alors d'un emprisonnement de deux mois à un an et d'une amende de 200 fr. à 1,000 francs.

Ce système, nous le répétons, était de beaucoup inférieur à celui de la commission; presque complétement calqué sur le droit commun, il ne constituait point un progrès, il faisait cesser les incertitudes de la jurisprudence en lui donnant force de loi, mais sans se garantir de ses inconvéniens. Les légères modifications introduites n'aboutissaient qu'à une évidente contradiction. Comment concilier, en effet, les articles qui faisaient du duel non consommé ou non suivi de résultats fâcheux, un délit spécial, et l'article qui, partant d'un principe tout opposé, assimilait le duel suivi d'homicide, au meurtre, à l'assassinat, et rentrait tout à coup dans le Code pénal ordinaire. Mieux eût valu suivre dès le principe ce dernier ordre d'idées.

Heureusement ce ne fut point là le dernier mot de la législature belge. Elle ne s'arrêta point à une formule aussi peu satisfaisante, et en substitua une incontestablement plus logique et plus sage. Le projet adopté en dernier lieu par la chambre des représentans, le 11 mars 1840, à la majorité de 50 voix contre 6, est ainsi conçu :

» Art. 1er. La provocation en duel sera punie d'un emprisonnement de 1 » à 3 mois, et d'une amende de 100 à 500 francs.

» Art. 2. Seront punis de la même peine, ceux qui décrient publiquement » ou injurient une personne pour avoir refusé un duel.

» Art. 3. Celui qui a excité au duel, ou qui, par une injure quelconque, » a donné lieu à la provocation, sera puni d'un emprisonnement de 1 mois à » 1 an, et d'une amende de 100 à 1000 francs.

» Art. 4. Celui qui, dans un duel, aura fait usage de ses armes contre son » adversaire sans qu'il soit résulté du combat ni homicide ni blessures, sera

» puni d'un emprisonnement de deux mois à dix-huit mois, et d'une amende » de 200 à 1500 francs.

» Celui qui n'aura pas fait usage de ses armes contre son adversaire sera » puni des peines comminées par l'art. 1er.

» Art. 5. Lorsque, dans un duel, l'un des combattans aura donné la mort » à son adversaire, le coupable sera puni d'un emprisonnement de six mois à » cinq ans, et d'une amende de 1000 à 10,000 francs.

» Lorsqu'il sera résulté du duel des blessures qui auront causé une maladie » ou incapacité de travail personnel pendant plus de vingt jours, le coupable » sera puni d'un emprisonnement de trois mois à trois ans, et d'une amende » de 500 à 5,000 francs.

» Art. 6. Si les blessures, résultant du duel, n'ont occasioné aucune mala- » die, ni incapacité de travail personnel de l'espèce mentionnée en l'article » précédent, le coupable sera puni d'un emprisonnement de trois mois à deux » ans, et d'une amende de 400 à 2,000 francs.

» Le combattant qui a été blessé sera passible des peines prononcées par » le § 1er ou le § 2 de l'art. 4, selon qu'il aura fait usage ou n'aura pas fait » usage de ses armes contre son adversaire.

» Art. 7. Sont réputés complices des délits commis en duel, ceux qui, par » dons, promesses, menaces, abus d'autorité ou de pouvoir, machinations ou » artifices coupables, ont provoqué à les commettre. Les complices seront » punis de la même peine que les auteurs.

» Art. 8. Dans les cas prévus par les art. 5 et 6, les témoins, s'ils ne sont » pas complices, seront punis d'un emprisonnement de un mois à un an, et » d'une amende de 100 à 1,000 francs.

» Art. 9. Il n'est pas dérogé aux lois qui règlent la compétence des tribu- » naux militaires. Cependant le militaire qui se sera battu en duel avec un in- » dividu non militaire, sera soumis à la juridiction ordinaire, lors même que » ce dernier ne serait pas poursuivi.

» Art. 10. En cas d'arrestation, la liberté provisoire sous caution pourra » être refusée.

» Art. 11. Dans tous les cas prévus par le § 1er de l'art. 4, l'art. 5, le § 1er » de l'art. 6, et par l'art. 10, lorsque la peine de l'emprisonnement sera pro- » noncée, les tribunaux pourront priver les auteurs et complices des délits » commis en duel, de tous emplois civils et militaires, et du droit de porter » des décorations. Ils pourront aussi leur interdire tout ou partie des droits » mentionnés en l'art. 42 du Code pénal, le tout pendant un temps qui ne » pourra pas excéder dix années; ce temps courra du jour où le coupable » aura subi sa peine.

» Art. 12. En cas de nouveaux délits de la même nature, les coupables » déjà condamnés en exécution de la présente loi seront condamnés au maxi- » mum de la peine. Elle pourra même être portée au double.

» Art. 13. La loi du 30 décembre 1836 sur les crimes et délits commis à

» l'étranger, est rendue commune aux faits prévus par l'art. 5, le § 1er de » l'art. 6, et le § 1er de l'art. 4 de la présente loi.

» L'art. 1er de la loi du 22 septembre 1835 est applicable à l'étranger qui » aurait eu un duel avec un Belge en pays étranger.

» Art. 11. Dans tous les cas prévus par les art. 1, 2, 3, et le § 2 de l'ar- » ticle 4 de la présente loi, si des circonstances atténuantes sont reconnues, » les tribunaux auront la faculté d'abaisser la peine jusqu'à six jours de prison » et 16 fr. d'amende. Ils pourront même ne prononcer que l'une ou l'autre de » ces deux peines dans le cas prévu par la seconde disposition de l'art. 4. »

Le mode de répression consacré par ces articles, est un perfectionnement heureux du projet présenté au sénat ; il le réforme utilement sous un double rapport. Les peines sont graduées dans de justes proportions, et le maintien absolu de la compétence des tribunaux correctionnels, en assure la constante application (1).

L'examen auquel nous nous livrerons, en émettant quelques idées sur le choix d'un système de pénalité, indiquera les points fort peu nombreux de la critique dont nous le croyons encore susceptible.

DEUXIÈME SÉRIE.

Italie, Portugal, Suisse, Bavière, Autriche, Prusse, Suède, Danemarck, Russie. — États de l'Union.

Italie.

Les ordonnances répressives du duel qui ont encore force de loi dans le Piémont et à Naples, datent du dix-septième siècle. Le chap. V des Constitutions du 17 octobre 1643, contient 5 articles sur le duel. — La peine de mort avec confiscation de biens est prononcée contre toute personne qui donne

(1) Dans le cours de la discussion un membre demanda que la compétence du jury fût proclamée. On lui répondit que les peines étant simplement correctionnelles, leur application ne pouvait et ne devait appartenir qu'aux tribunaux correctionnels.

ou accepte un cartel et contre ceux qui servent de témoins, ou participent en quoi que ce soit au combat. — Dans le royaume de Naples, le duel est prévu par 4 *pragmatiques*, des 2 juin 1540, 13 décembre 1631, 9 mai et 18 décembre 1662. La première infligeait aux duellistes la peine de mort; la seconde a réduit cette peine à une rélégation de cinq années et à une amende de 200 ducats; la troisième double la peine de la rélégation et de l'amende en cas de récidive; la quatrième punit de dix ans de rélégation et de 2,000 ducats d'amende les seconds qui combattent en même temps que les parties principales.

Dans le duché de Parme, le duel suivi de mort entraîne pour le survivant de 10 à 20 ans de rélégation, s'il était provocateur; de 3 à 10 ans s'il était provoqué.

Les blessures légères sont punies de l'emprisonnement; le provocateur blessé est puni comme le provoqué auteur de la blessure.

Lorsque le duel n'a pas été suivi de blessures, la peine infligée à chacun des adversaires est le *confino* (résidence obligée dans un lieu désigné). Les témoins et complices du duel sont frappés de cette peine dans tous les cas.

Dans les états de l'Église, le duel est prévu par le titre 20, art. 296-304, d'une ordonnance papale du 20 septembre 1832.

Le provocateur qui tue son adversaire est puni de mort. S'il prouve qu'il n'a point été l'offenseur, la peine est des galères perpétuelles.

Le provoqué qui tue son adversaire est puni de mort, si le duel n'a eu lieu qu'après vingt-quatre heures; de 10 à 20 ans de galères, s'il a eu lieu dans un espace de temps plus rapproché ou sous l'inspiration de la colère.

Si du duel sont résultées des blessures, on applique les dispositions ordinaires sur les coups et blessures, en les augmentant de deux degrés pour le provocateur, d'un degré pour le provoqué.

La simple provocation est punie d'un emprisonnement de 1 à 8 ans, et d'une amende de 300 à 1,000 ducats.

Le duel non suivi de blessures est puni d'un degré de plus d'emprisonnement et d'amende de 1,000 à 2,000 ducats.

Enfin une dernière disposition considère et punit comme complices les témoins et ceux qui jettent du blâme sur la partie qui refuserait le duel.

L'excessive sévérité de toutes ces ordonnances, notamment de celles de Parme et de l'état de l'Église les rendent évidemment inapplicables.

Portugal.

« En Portugal, l'art 43, liv. V, § 1er du Code criminel, » punit les duellistes de la peine de l'exil en Afrique, *arbitrio* » *principis*, de la confiscation de biens et de la dégradation » civique. Il n'y a d'excuse pour les provocations que dans le » cas où elles auraient immédiatement suivi le premier mou- » vement de la colère.

» Du reste, l'opinion publique, chez les Portugais, est d'ac- » cord en cela avec la loi. Un duelliste serait accueilli avec » une extrême défaveur dans la société. Lorsque le cas s'est » présenté et que les circonstances étaient graves, le coupable » s'est vu fermer toutes les portes; ses amis mêmes l'abandon- » naient et rompaient tout commerce avec lui.

» Comme la loi sur les duels n'a rien d'exagéré dans ce pays, » elle est littéralement exécutée. Chacun la prend au sérieux, » et la crainte qu'on en éprouve suffit pour qu'on se tienne » constamment sur ses gardes et qu'on évite avec soin toutes » les occasions d'entrer en querelle. » (*Hist. des duels*, t. II, p. 99.)

Un pareil témoignage nous dispense de tout commentaire ; puisse la loi future être ainsi accueillie et respectée en France !

Suisse.

La législation de Bâle punit, depuis 1821, le duel de 1 à 4 années de détention, s'il n'a pas eu de suites fâcheuses ; de 4 à 8, s'il est résulté des blessures graves ; de 8 à 12, si la mort a suivi. « Ces peines, dit l'auteur de l'Hist. des duels, ne sont » qu'une pure menace et n'ont jamais été appliquées. On vient » de proposer un nouveau projet qui les fait descendre de » plusieurs degrés, dans la vue d'en faciliter l'application. » (Tom. II, p. 230.)

A Genève, le Code de 1810 est encore en vigueur.—Dans le nouveau projet du Code pénal, donné par M. Dumont, le duel est classé parmi les délits et puni de 4 années de bannissement. La peine est portée au double dans le cas d'homicide. Le provocateur ou celui qui refuse de souscrire à la décision des témoins, sont punis de deux années de prison. Des poursuites d'office ne peuvent être dirigées par le ministère public, que dans le cas où il y a eu homicide.

Bavière.

En Bavière, un réglement de 1779 punit les auteurs d'un défi non suivi de duel, de la perte de leurs charges et emplois; s'ils sont sans charges ou sans emplois, de 3 ans de captivité et de la confiscation de biens. A l'égard de ceux qui n'ont pas de biens, la captivité est prolongée jusqu'au double. Si le duel a eu lieu, quels que soient ses résultats et lors même qu'il n'en aurait point eu de fâcheux, la peine de mort est encourue.

Ce réglement de 1779 est encore applicable dans le silence

du Code pénal de 1813, mais sa sévérité équivaut à une abrogation.

Les projets du Code bavarois de 1821, 1827 et 1831, contiennent sur le duel des dispositions spéciales.

L'homicide et les blessures qui en résultent ne sont point assimilées à l'homicide ou aux blessures ordinaires. Le projet de 1831 punit l'homicide causé dans un duel à outrance, de 12 années de réclusion dans une maison de force. Si le duel a été simple, l'homicide ou les blessures graves sont punis de 4 années de réclusion au moins. Les blessures légères sont punies d'emprisonnement de 8 mois au moins.

Les témoins et complices sont punis de la peine encourue par les auteurs.

Un emprisonnement de 3 mois au plus est encouru par celui qui envoie ou qui accepte un cartel, et par celui qui décrie publiquement la conduite de l'individu qui a refusé un duel.

Autriche.

Nous trouvons dans le Code pénal de l'empire d'Autriche, traduit par M. Victor Foucher, les dispositions suivantes :

CHAPITRE II.

Du duel.

» Art. 140. Celui qui, pour quelque cause que ce soit, défie un autre à se » battre avec des armes meurtrières, et celui qui après un tel défi se pré- » sente au combat, commettent le délit de duel (1).

» Art. 141. Ce délit, quand même il n'entraînerait aucune conséquence, » est puni de la peine de la prison dure d'un à cinq ans (2).

(1) Les qualifications du code autrichien sont celles de *délits* ou de *graves infractions de police*.

(2) « Dans le code autrichien, la perte de la liberté, considérée comme » peine, se qualifie *prison* et *arrêt*. La *prison* s'applique aux délits; l'*arrêt* » aux graves infractions de police. La prison a trois degrés. Elle est *simple*,

» Art. 142. S'il est résulté du duel une blessure, la peine est la prison dure » de cinq à dix ans.

» Art. 143. Si du duel il s'est suivi la mort de l'un des deux combattans, » le meurtrier est puni de la prison dure de dix à vingt ans. Le cadavre du » mort, s'il est demeuré sur la place, est transporté, sous l'escorte de la » garde, dans un lieu hors du cimetière commun pour y être inhumé.

» Art. 144. Dans tous les cas le provocateur est puni plus sévèrement que » le provoqué, et, par conséquent, pour un temps plus long qu'il ne l'eût été » s'il avait été provoqué.

» Art. 145. Ceux qui, d'une manière quelconque, contribuent à la provo- » cation ou à l'acceptation d'un duel, ou qui font des menaces ou des dé- » monstrations méprisantes à celui qui était disposé à se dispenser de l'accep- » ter, sont punis de la prison; mais s'ils ont particulièrement influé sur la » détermination, et si, dans le duel, il y a eu blessure ou mort, ils sont » punis de la prison dure de un à cinq ans.

» Art. 146. Ceux qui se présentent au duel, comme assistans ou comme » seconds pour l'un des combattans, sont punis de la prison dure d'un an, et, » selon l'influence qu'ils ont exercée ou le mal advenu, la prison dure peut être » étendue à cinq ans. »

La poursuite et le jugement de ce genre de délit ne sont d'ailleurs soumis à aucune règle particulière. Les tribunaux criminels ordinaires sont appelés à en connaître.

Prusse.

Le titre 20, art. 668, du Code de Frédéric II, punissait de mort le duel suivi d'homicide. Le duel non suivi de résultats entraînait pour le provocateur la réclusion dans une forteresse de 3 mois à 6 ans.

Le même Frédéric fit insérer dans le réglement pour la cavalerie prussienne publié en 1744, la disposition suivante : « Si quelque officier souffre un injure, *sans y paraître sensible*, » le colonel en informera le roi qui le fera casser, sans déro- » ger cependant à l'édit concernant les duels dont S. M. con- » firme ici toute la force. » On voit quelle contradiction exis-

» *dure* ou *très-dure*. C'est l'isolement plus ou moins sévère, plus ou moins » complet, accompagné dans les deux degrés les plus élevés de la mise aux » fers. » (*Aperçu analytique par le traducteur.*)

tait entre l'esprit dans lequel la loi avait été promulguée, et l'esprit dans lequel on l'appliquait.

Le Code pénal de 1794, actuellement en vigueur en Prusse, punit ceux qui portent un défi d'un emprisonnement de 3 à 6 mois, ceux qui l'acceptent de 1 à 3 ans de la même peine. Si du duel sont résultées des blessures seulement, on applique la réclusion de 10 ans au moins, ou la réclusion perpétuelle. Si l'un des adversaires a été tué, le survivant est puni de mort avec dégradation de tous titres, honneurs ou emplois, et confiscation en cas de fuite. Les témoins encourent cinq années de réclusion, si le duel n'a pas été suivi de mort, 10 ans dans ce dernier cas.

On prévoit la conséquence nécessaire d'une pareille sévérité. Elle n'a servi qu'à faire désirer une réforme. Aussi écrivait-on récemment de Berlin :

« On annonce qu'une modification importante sera introduite dans notre » législation sur le duel. Il est maintenant reconnu que la peine de mort, » appliquée au cas d'homicide par un duel, est trop sévère et manque son » but, attendu qu'elle est toujours remplacée par une peine moins forte. Il » est probable qu'on substituera à la peine de mort celle de l'amende et de » l'emprisonnement. »

Danemarck.

En Danemarck le duel est prévu par les dispositions spéciales du Code publié à la fin du XVIIe siècle, par Christiern V, et ainsi conçu :

« 1. Duellatorum uterque tum provocans, quisquis sit, eques sive pedes, » tum provocatus, seu voce, sive litteris, ab officiis suis removendi et bonis » omnibus, imo morte, pro circumstantiis causæ cognitæ, mulctandi sunto.

» 2. Propugnatores his adaptati qui in loco conflictionis præsto adsunt, » nisi decertaturos pugna prohibeant, pœna mulctantur consimili.

» 3. Si quis provocationi haud paruerit, nullis ideo verborum contumeliis lacerandus esto.

Suède.

En Suède le duel est prévu par des ordonnances qui remontent également au dix-septième siècle, mais qui ne sont applicables qu'à la noblesse.

»Le duel entre gentilshommes est puni de mort en Suède, et la mémoire du » défunt comme du survivant notée d'infamie. Si aucun des deux antagonistes » n'est tué, ils sont condamnés à deux ans de prison, au pain et à l'eau, et à » une amende pécuniaire. Toutes les affaires concernant le point d'honneur » sont renvoyées à la Cour nationale de chaque partie où l'on oblige l'ag- » gresseur à se rétracter et à faire une réparation publique à l'offensé. (Lacombe, *Abrégé chronologique de l'hist. du Nord*, t. 2.)

Russie.

Le Code pénal militaire, imprimé pour la première fois à Dantzick, le 30 mars 1716, d'après l'original signé de la main de Pierre Ier, contenait les dispositions suivantes :

» 1. Quiconque provoquera son ennemi en duel sera pendu, lors même » que le duel n'aurait pas eu lieu.

» 2. Les témoins doivent subir la même peine ; s'ils n'ont pas fait tous » leurs efforts pour empêcher le combat.

» 3. En cas de disputes et de voies de fait, l'aggresseur doit demander publi- » quement pardon à l'offensé en présence du tribunal militaire.

» 4. Celui qui donne un soufflet doit subir la peine du talion, en présence » des témoins de l'offensé.

Dans un ukase de Catherine, postérieur à la fameuse instruction du Code, on trouvait les dispositions suivantes :

» Celui qui insultera ou frappera un bourgeois avec la main désarmée, lui » paiera ce que le bourgeois paie annuellement à l'État.

» Celui qui insultera ou bien outragera la femme ou la fille d'un bourgeois, » paiera le double pour la femme et le quadruple pour la fille de ce que le » bourgeois paie annuellement à l'État.

Dans *l'instruction du Code* on lit cette maxime : *il faut qu'un gouvernement soit tel qu'un citoyen ne puisse craindre un autre citoyen, mais que tous craignent la loi.*

» Cette pensée, dit l'auteur de l'Histoire des duels, me paraît admirable de

» vérité, de logique et de précision. Je ne connais rien qui lui soit comparable dans les codes d'aucun peuple ni dans les écrits d'aucun publiciste. » Voilà ce qu'il faudrait écrire en tête de toute loi sur le duel. (*Tom.* 2, » *p.* 337.)

Un article publié dans la *Revue étrangère et française*, (4e *année*, *avril* 1837) donne, ainsi qu'il suit, l'exposé de la législation actuellement en vigueur.

» Cette matière est régie en Russie par le réglement, ou plutôt pour nous » servir des expressions du texte, par le *Manifeste* sur les duels publié » en 1787 par l'impératrice Catherine. La législation postérieure n'y a apporté aucune modification. Les dispositions de cet acte ont été classées par » les auteurs du Digeste russe en deux grandes catégories. Les unes préviennent le délit, les autres le répriment. (*Digeste* XIV, *Code préventif, art.* » 272-285 ; XV *Code pénal*, 349, 556.)

Mesures préventives.

» Le législateur commence par une injonction générale adressée à tous les » habitans de vivre en paix, concorde et bonne intelligence, d'observer réciproquement les égards dus au rang et à la considération de chacun, de prêter obéissance à qui de droit, de prévenir les mal-entendus, contestations, » débats et disputes qui pourraient provoquer à l'irritation et à l'outrage.

» En cas d'outrage commis par des paroles, écrits ou voies de fait, il est » défendu de se constituer juge dans sa propre cause, de saisir une arme et » de s'en servir pour outrager l'aggresseur, sauf cependant le cas de légitime » défense, et à la charge d'en prévenir immédiatement l'autorité.

» Il est défendu de provoquer, soit verbalement, soit par écrit ou par » message, d'accepter un défi, de le porter et de le transmettre, d'exciter au » duel, d'y assister ou participer de quelque manière que ce soit.

» Il est défendu de faire à celui qui, soumis à la loi, a refusé d'accepter un » défi, des reproches de vive voix, par écrit ou par message.

» Les témoins d'un outrage doivent tâcher d'y mettre fin par la conciliation; s'ils ne peuvent y parvenir, ils doivent engager les adversaires à » choisir des médiateurs.

» La décision des médiateurs devra assurer à chacune des parties une réputation intacte et les mettre à l'abri des poursuites et des persécutions, les » rapprocher et les concilier, satisfaire aux exigences légitimes de chacune » d'elles, terminer le différend au plus tard dans le délai de trois jours. Les » parties sont tenues à fournir tous les éclaircissemens demandés par les médiateurs et à s'exprimer avec modération. Les médiateurs ont droit de défendre le combat; et lorsqu'ils pensent que leur injonction demeurerait » inefficace, ils doivent, pour leur justification personnelle, en prévenir l'autorité, laquelle a l'obligation de séparer les adversaires et de les mettre en » surveillance jusqu'à conciliation.

» L'autorité doit intervenir, le cas échéant, de son propre mouvement » pour obvier au duel et agir conformément aux règles tracées ci-dessus pour » les médiateurs. Quiconque se refuserait à comparaître devant l'autorité, ou » tenterait de se soustraire à la surveillance préventive, sera envisagé comme » rébelle à la loi.

Mesures répressives.

» *Provocation.* Le provocateur n'est plus recevable à poursuivre la répa- » ration de l'outrage ; il est en outre considéré comme rébelle à la loi et » comme tel passible d'une pénalité qui peut aller depuis l'amende jusqu'à » la privation des droits civiques, la déportation en Sibérie, l'enrôlement ou » même les travaux forcés.

» *Duel.* Si à la suite du duel il y a blessure, infirmité ou homicide, le » provocateur est puni des peines portées par le Code pénal contre tout au- » teur de blessure, infirmité ou homicide, commis avec préméditation. Le » provoqué est puni, pour la première fois, de la peine qu'entraîne la provo- » cation. En cas de récidive occasionnée par le fait du provoqué, il est envi- » sagé comme perturbateur de la paix publique et puni de la privation des » droits civiques et de la déportation perpétuelle en Sibérie.

» *Coopération.* Celui qui a transmis le défi est puni comme complice d'une » action illégale, à moins qu'il n'ait réussi à concilier les adversaires, ou, à » défaut de conciliation, prévenu à temps l'autorité.

» Les médiateurs et seconds, comme aussi toute personne qui, par hasard, » serait témoin d'un duel, sans avoir tâché de concilier les adversaires, ou » faute d'y réussir et de prévenir à temps l'autorité, sont punis proportion- » nellement à la lésion occasionée par le duel, comme complices d'un acte » ayant entraîné des blessures, des infirmités ou un homicide.

» Si le duel n'a pas occasioné de lésion, ils sont punis comme complices » d'un acte de justice arbitraire, d'une vengeance illégale et de trouble ap- » porté à la paix, à la tranquillité, la concorde et la bonne intelligence.

Les injonctions dont le législateur fait précéder la sanction pénale et qui constituent la partie *préventive*, semblent singulières au premier abord, mais le paraissent moins quand on songe qu'il s'adresse à un peuple neuf, sur les vertus duquel il a le droit de compter.

États de l'Union.

Avant d'entrer dans l'examen des législations spéciales adoptées par les provinces unies d'Amérique, nous ferons remarquer que les pénalités y sont illusoires en général, à cause de leur sévérité excessive dans la plupart des cas, et surtout à cause de la facilité avec laquelle on les évite. Il suffit, pour se soustraire à la loi, de choisir un état voisin pour théâtre du crime. Chaque état ayant son code particulier, l'action publique ne s'exerce que dans les limites de son territoire.

Pensylvanie. L'action de se battre en duel, d'envoyer ou d'accepter un cartel, de publier le refus d'un citoyen de se battre, est punie d'une amende de 500 dollars (*le dollar équivaut à 5 f. 33 c.*), d'un emprisonnement d'un an avec travail pénible (*hard labour*) et de la privation des droits de cité pendant sept ans.

L'action de porter sciemment un cartel, ou de consentir à servir de second ou de témoin, est punie d'une amende de 500 dollars et d'un emprisonnement de neuf mois.

En cas de mort de l'un des combattans, le survivant est puni de la peine de l'assassinat au second degré, c'est-à-dire de quatre à douze ans d'emprisonnement solitaire. En cas de récidive, cette peine est prononcée à vie.

New-York. Les dispositions en vigueur dans cet état sont contenues aux *revised statutes of the state of New-York*, décrétés le 10 décembre 1838.

Le duelliste qui a tué son adversaire est considéré et poursuivi comme coupable de meurtre. S'il n'y a point eu homicide, la peine est celle de la réclusion dans une maison centrale pour dix ans au plus et de l'incapacité à vie d'occuper un emploi public.

Celui qui sciemment envoie, accepte, porte un cartel ou assiste en quelque qualité que ce soit à un duel, est puni de la réclusion pendant sept années au plus.

Les peines sont applicables à ceux qui sortent du territoire pour se battre et éluder la répression.

Tout individu convaincu d'avoir, par écrit ou par la voie

de la presse employé un langage de reproche ou de mépris à l'égard d'un tiers pour n'avoir pas adressé ou accepté une provocation, est passible d'un emprisonnement d'un an au plus ou d'un emprisonnement *solitaire* de trente jours au plus.

New-Jersey. On punit le témoin ou celui qui excite à se battre ou en procure les moyens d'une amende de 1,000 dollars au plus et de l'emprisonnement avec travail pénible pendant quatre ans au plus, ou de l'une ou de l'autre de ces peines séparément.

Si le duel n'a pas eu lieu, la peine est réduite de moitié vis-à-vis de celui qui a porté ou envoyé sciemment un cartel, qui a excité ou aidé.

Massachussets. Le duel suivi de la mort de l'un des combattans est puni de mort et de *la dissection obligée du cadavre du meurtrier.* (Loi votée en 1719, promulguée deux fois, l'une en 1784, l'autre en 1805.)

Le duel non suivi de mort ainsi que l'envoi du cartel et l'excitation, le duel ne s'en fût il pas suivi, est puni de l'emprisonnement avec *travail pénible* pendant vingt ans au plus, avec *confinement solitaire* pendant un an au plus et de l'incapacité des droits politiques pendant vingt ans.

Connecticut. L'acceptation ou l'envoi du cartel entraînent l'application d'une amende de 300 dollars, l'obligation de donner caution de bonne conduite pendant toute la vie, la privation absolue des droits politiques, et, en cas d'insolvabilité pour le paiement de l'amende, l'emprisonnement pendant une année.

Les mêmes peines atteignent celui qui a sciemment porté un cartel. Il n'est point tenu toutefois de fournir caution de bonne conduite.

Vermont. Le duel suivi d'homicide est puni de mort. Le

duel simple et l'action d'envoyer, de porter sciemment ou d'accepter un cartel, sont punis d'une amende de 50 à 1,000 dollars et de l'incapacité des droits politiques.

Maine. Le duel suivi d'homicide est puni de mort et de la *dissection obligée* du cadavre du meurtrier.

Le duel non suivi de mort, l'envoi d'un cartel et l'action de servir de témoin, sont punis comme attaque déloyale d'une amende, d'un emprisonnement et de la privation des droits politiques pendant vingt ans.

L'acceptation d'un cartel entraîne l'emprisonnement pendant un an et la privation des droits de cité pendant cinq ans.

Maryland. Le duel suivi de mort ou de blessures qui entraînent la mort dans le délai d'un jour est puni de l'emprisonnement, dans le pénitenciaire, de cinq à dix-huit ans.

Tout individu qui excite ou prête assistance au duel, encourt la même peine.

Quiconque envoie ou accepte un cartel est déclaré à jamais incapable d'occuper un emploi civil ou militaire.

Alabama. L'envoi, l'acceptation d'un cartel, l'excitation au combat sont punis d'une amende de 1,000 dollars, d'un emprisonnement d'un an et de l'incapacité d'occuper un emploi public.

Une loi de 1819 donne au juge qui a des motifs de croire que quelques personnes vont se battre en duel, le droit de les faire arrêter et mettre en lieu sûr.

Une autre loi de 1829 oblige chaque fonctionnaire public, à son entrée en fonction, de prêter serment qu'il ne s'est jamais battu en duel, n'a jamais servi de témoins et ne se battra jamais.

Louisiane. M. Livingston a rédigé un projet de code pénal

qui comprend le duel dans les faits qu'il embrasse. (Son opinion a été traduite et imprimée séparément par M. Taillandier, *Paris*, 1829.)

Il n'applique la peine de l'assassinat qu'autant que la mort serait le résultat de la déloyauté ou de la perfidie ; autrement il n'admet que l'emprisonnement d'un an à quatre ans, et l'incapacité à vie des droits politiques, s'il y a eu mort ou blessures, et l'emprisonnement de six mois et la privation temporaire des droits de cité, s'il n'y a eu ni mort ni blessures.

Les témoins et les porteurs du cartel sont aussi atteints par le projet.

Tous les fonctionnaires civils ou militaires doivent, à leur entrée en fonction, prêter serment de ne s'être jamais battus en duel et de ne se battre jamais. Les fonctionnaires de l'ordre judiciaire doivent donner leur parole d'honneur d'empêcher tout duel et d'en poursuivre les auteurs.

Comparé aux législations adoptées par les autres états de l'Union, et que nous avons sommairement analysées jusqu'à présent, ce projet présente une incontestable amélioration, et l'application en démontrera à coup sûr la supériorité. Il évite surtout l'excessive sévérité qui a rendu les peines purement comminatoires dans les divers états (1).

L'état de *Tennessée* a inséré dans sa constitution un article ainsi conçu : « Toute personne qui se sera battue en duel, qui » aura porté, envoyé ou accepté un cartel, sera inhabile à » remplir les fonctions rétribuées ou honorifiques. »

L'état de *Virginie* exige de tout fonctionnaire public le serment de ne se jamais battre en duel.

(1) Les tableaux des détenus dans les diverses prisons ne présentant en effet aucun détenu pour duel, on doit conclure que les lois ne sont point exécutées.

La loi, considérant le duel comme une folie, déclare *insensés* et *mineurs* les duellistes et leurs témoins, les destitue des fonctions publiques dont ils auraient été revêtus, les met dans l'incapacité d'en occuper d'autres, et ordonne qu'il leur sera nommé deux tuteurs qui prendront l'administration de leurs biens. (Note adressée d'Amérique à l'Institut de France, par M. Dupont de Nemours. *Biblioth. univ.*, 1816, tome Ier, pag. 429.)

L'état de *Mississipi* a adopté en 1837 une loi d'après laquelle toute personne qui se sera battue en duel, ne pourra être élue à aucune dignité (*to no office*); elle sera, en outre, punie d'une amende de 300 dollars au moins, de 1000 dollars au plus, et d'un emprisonnement de six mois au moins. Dans le cas où l'un des deux adversaires sera tué, le survivant sera tenu de payer ses dettes.

Les diverses législations comprises dans la 2e série dont nous venons de faire la longue nomenclature, présentent au premier coup d'œil une qualité commune. Toutes sont faites pour le *duel*, et le préviennent et le punissent en l'appelant par son nom. Toutes ont cet avantage sur notre système actuel, qu'en traitant le duel comme un crime spécial, en le saisissant à sa naissance, elles répriment le désordre du moment où il apparaît, sans attendre ou sans avoir besoin qu'il ait ensanglanté la cité. Elles caractérisent pour la plupart, et atteignent séparément la *provocation*, le *duel non suivi de ses résultats*, le *duel suivi de ses résultats*. Dans ces trois phases, la criminalité leur semble appréciable à des degrés distincts et toujours croissans.

Cependant, hors quelques législations des États-Unis qui se préoccupent par dessus tout de l'idée d'outrage aux lois, de manquement grave aux devoirs du citoyen, idée que nous proclamons d'avance seule juste et féconde, nulle ne paraît complétement satisfaisante, ne se justifie par ses termes ou par son esprit, et ne peut aspirer à devenir usuelle. Nulle n'est complétement logique; nulle n'est propre à servir de modèle.

On y remarque, en effet, une étrange inconséquence. Après être d'abord parties de cette idée que le duel est un *délit spécial*, un fait *sui generis;* après avoir pris soin de punir ce fait en lui-même, considéré isolément, toutes ou presque toutes oublient le principe dans la déduction des conséquences. Elles oublient que celui qui se rend sur le lieu du combat, y porte déjà préexistans, déjà presque accomplis, si j'ose dire, dans sa pensée, dans son intention, tous les résultats de la rencontre, et accepte d'avance toutes les circonstances qui s'y peuvent produire, même les plus déplorables. Elles cessent de considérer le *duel*, pour ne plus voir que ses résultats fortuits et accidentels, le meurtre, les blessures.

Elles se préoccupent beaucoup trop des ressemblances de cet homicide, de ces blessures, avec les traditions et les qualifications du droit commun, au lieu de se préoccuper de leurs dissemblances qui sont bien plus grandes. Vainement y chercherait-on la gradation, la mesure qui conviennent; elles recourent aussitôt à des peines excessives, sans se ressouvenir qu'il ne faut jamais en cette matière, de quelque point que l'on parte, atteindre la limite où commencent la pitié, la sympathie pour le duelliste, susciter en faveur du coupable des manifestations publiques d'intérêt qui le réhabilitent à ses propres yeux, encourager par l'atrocité des peines l'indulgence déjà trop acquise à ce délit, et déconsidérer la loi et la justice en les rendant gratuitement odieuses, ou en faisant d'autant mieux ressortir la faiblesse de leurs efforts par l'exagération.

Que conclure cependant de l'infériorité des systèmes adoptés par la plupart des états européens, si ce n'est qu'il y a encore là pour la France l'occasion de fournir d'utiles exemples, de féconds enseignemens en recourant à un essai de répression mieux médité. L'initiative prise par la Belgique doit nous servir à la fois et nous encourager à atteindre plus sûrement le but.

Cherchons donc, sans suivre de près les chemins déjà tracés, à faire ressortir le choix et la mesure des peines du caractère même de l'infraction. Voyons ensuite ce qu'imposent de légitimes exigences, le temps, les mœurs, la force de certains préjugés, la faiblesse des opinions hostiles à ces préjugés.

CHAPITRE II.

Sous quel rapport le duel doit-il être envisagé et réprimé par la loi pénale?

§ 1er.

Aux yeux du moraliste, le duel est un mal social qui n'a pas d'équivalent qu'on puisse confondre avec lui. Sa ténacité, sa résistance à tous les efforts venus de la loi, de la religion ou des mœurs; le préjugé indéfinissable qui maintient cette féroce coutume au milieu même des habitudes si douces de nos temps modernes, lui donnent un caractère unique autant qu'étrange.

L'historien peut lui assigner son origine, et le suivre dans son existence, à travers les autres désordres dont la civilisation a peu à peu triomphé. Il le trouve inconnu des anciens, qui connaissaient pourtant le meurtre et l'assassinat, qui connaissaient aussi l'honneur. Il peut signaler ses phases diverses et ses progrès. Il le voit, proscrit insolent, visiter ou plutôt défier sans cesse la société qui l'a banni en le chargeant d'anathèmes, et toujours porter haut sa tête mise à prix. Sous sa plume, le duel a un nom qui lui est propre, sa place conquise parmi les faits historiques, son profil détaché, ses chroniques sanglantes.

Plus impérieusement qu'eux encore, le criminaliste doit lui reconnaître, à son tour, un caractère et une existence propres. La loi pénale ne peut pas plus lui refuser son nom et sa spécialité que l'histoire et que la philosophie.

N'existe-t-il point, en effet, certaines règles immuables que ne peut transgresser impunément le législateur qui formule des peines? Avant de classer un fait et de marquer son rang sur l'échelle de pénalité, il convient d'admettre toutes les distinctions appréciables, de ne négliger aucun élément, de s'interdire tout penchant prononcé vers l'analogie. Gardons-nous de croire que l'incrimination, œuvre grave par dessus tout, puisse être arbitraire, facultative, et ne correspondre à rien d'identique et de préexistant, soit dans l'opinion, soit dans l'ordre des idées, soit dans l'ordre matériel des choses. La loi qui procéderait ainsi serait mauvaise, injuste et mal exécutée. L'accord de la loi répressive avec la conscience publique crée seul la moralité et l'efficacité de la peine. La répugnance qu'inspire le crime exclut la pitié pour le coupable; elle fait l'infâmie du châtiment et, à ce titre, elle confère une sanction véritable.

L'immoralité, définie et déterminée par la conscience publique, le péril social, la perturbation de l'ordre général; tels sont logiquement, tels sont, de l'aveu des criminalistes (1)

(1) « C'est un devoir pour la société, quand elle use du droit de punir, de » combiner sa propre défense, celle des individus, double objet de ce droit,

comme de l'aveu de la raison, les élémens essentiels qui constituent, par leur combinaison, la criminalité d'une action. Le législateur doit se préoccuper : 1° de la perversité de l'agent, et, pour y parvenir, apprécier soigneusement et sous leur aspect moral, l'*intention*, le *but*, les *moyens*; 2° du préjudice causé à la société, soit par une attaque directe, soit par un attentat à la sûreté de chacun des individus dont elle se compose ou une rébellion contre l'autorité des lois qui la régissent.

Or, pour obtenir l'expression vraie de la conscience publique, pour la reproduire dans une formule qui ne soit ni trop rigoureuse, ni surtout contradictoire, il ne faut point oublier qu'elle est façonnée au joug de l'éducation, des mœurs, des habitudes; qu'elle subit, elle aussi, par une courbure lente et insensible, l'action de ce pouvoir dont Pascal proclamait l'inévitable despotisme en reconnaissant que l'opinion était la reine du monde.

Pour que cette exigence pût être méconnue, il faudrait que la conscience publique, écho de l'opinion juste, sage, légitime, eût réellement, et dès le principe, protesté, par l'organe de la loi, contre l'autre opinion fausse, cruelle, illégitime, et l'eût constamment traitée en usurpatrice. Si elle ne s'est opposée que tardivement et faiblement; si elle a fait

» avec le sentiment du juste.» (Rautér, *Introd. au Traité de droit criminel*).

« Dans la pénalité, la gravité du caractère immoral d'un fait n'est pas tou» jours la seule règle, n'est pas toujours le seul principe auquel le législateur » doive s'attacher pour déterminer la peine qui s'applique à ce fait. En effet, l'im» moralité, la culpabilité du fait, telle que la conscience nous l'indique, est » bien une première condition nécessaire pour que ce fait soit punissable et » puni; l'immoralité est la condition de la justice intrinsèque, de la justice » objective, en quelque sorte, de la peine prononcée par la loi; mais pour éta» blir la mesure de cette peine, pour en régler fixément la quotité, le lé» gislateur s'attache à une considération d'une autre nature, savoir, au danger » au péril, à la souffrance sociale qui résultent de ce même fait.» (Boitard, » *Leçons de droit criminel*, p. 35).

elle-même, fût-ce un seul jour, acte de soumission ; si elle lui a laissé tout envahir, vainement l'abdication serait prochaine, vainement la puissance serait affaiblie au point de céder désormais devant la prescription. Tout en admettant, avec une entière conviction, que l'heure est venue de la détrôner, qui ne sent qu'il est impossible, qu'il serait injuste et irrationnel de prétendre effacer les traces de son règne, d'en rejeter les conséquences, de nier les effets passés et les effets actuels ou à venir de son pouvoir ?

Si, en principe absolu, la loi ne doit point accepter les conditions que lui imposent divers instincts inhérens à l'humanité ; si elle a pour but d'en restreindre un grand nombre dans des limites convenables, de combattre ouvertement les autres, elle ne conserve ni toute sa puissance, ni toute sa liberté vis-à-vis de ceux qu'elle a laissés d'abord se développer sans contrainte. Elle n'a plus la même latitude pour apprécier la moralité de l'acte, pour déclarer illicite aujourd'hui ce qui était licite la veille, pour proclamer infâme ce qui était tenu à honneur : il faut qu'elle supporte les conséquences de son inaction ou de sa complicité.

Certes, le premier jour où le duel apparut chez les nations qui l'ont vu naître, le législateur, en supposant qu'il fût alors puissant, éclairé, vigilant, aurait pu discuter s'il y avait lieu de frapper de mort les deux coupables ou celui qui avait versé tout le sang si l'un des adversaires eût succombé ; alors on n'aurait pu lui opposer que les objections tirées du caractère absolu du fait ; objections, toutefois, qui sont nombreuses, incontestables, et que nous aurons bientôt occasion d'énoncer.

Mais tel n'est plus l'état de la question. Le duel est, à cette heure, une habitude funeste, mais pourtant une habitude qui s'est développée à l'ombre de la tolérance des lois ; car des menaces vaines ne nous en imposent point assez, et l'histoire est trop fidèle pour que nous puissions nous méprendre et dire qu'elle s'est développée malgré la loi.

Pensez-vous que la société ne doit point tenir compte aux duellistes, en les punissant comme pouvoir constitué pour sa propre défense, de ce qu'elle leur a appris à croire, de ce qu'elle leur a enseigné à la fois par ses doctrines et par ses exemples, de ce qu'elle leur impose chaque jour comme reine des habitudes, comme auteur de cette loi qui règle les allures de la vie commune; loi qui, pour n'être point écrite, pour être purement traditionnelle, n'en est pas moins respectée jusqu'au péril même de la vie.

La société a son code privé, tout entaché d'erreurs, d'injustice, de despotisme. Si, en présence de cette coutume, la loi écrite se trouve impuissante, ne peut-on dire à la société : *Patere legem quam ipsa tulisti?*

Ces préliminaires nous amènent à poser en principe que, pour apprécier justement le fait spécial dont il s'agit, la loi doit : 1° prendre pour guide et se réserver comme auxiliaire l'opinion qui le réprouve; 2° faire une part suffisante à l'opinion qui le favorise, en tenant compte de son influence?

En assimilant les résultats du duel aux blessures, à la tentative de meurtre, à l'assassinat qualifiés et punis par le droit commun, elle manque directement à cette double considération.

Sous quelle forme, en effet, dans quels termes se manifeste l'opinion de cette portion saine et éclairée des esprits qui se montrent hostiles au duel par raison ou par instinct? Le funeste dénouement leur apparaît d'ordinaire comme un sacrifice fait, non point tant à la haine et à la fureur des deux ennemis qu'aux sanglantes superstitions de la foule. Ils se sentent saisis à son aspect d'un salutaire effroi; mais, néanmoins, ce malheur grandit à leurs yeux, suivant qu'il s'est approché plus près de l'organisation sociale et qu'il en a compromis plus gravement le maintien, suivant que les adversaires étaient plus resserrés dans les liens de cette organisation, plus avant sous la garantie de l'ordre public, plus éloignés, par leur position comme par leurs habitudes, de tout procédé violent, illégal, désordonné.

Telles sont les impressions du vulgaire lui-même, non point du vulgaire pour qui la victoire en pareil cas est un trophée digne d'envie, mais du nombre heureusement grand que le progrès des mœurs a déjà conduit à devancer la réprobation que la loi se propose de formuler. La terreur, le dégoût qu'il témoigne obéissent à un mouvement de cette nature. Ainsi, lorsqu'un duel intervient entre deux militaires placés, même hors le temps de guerre, dans des conditions moins régulières et moins pacifiques que les gens de la cité, quelque fâcheuses que soient les suites, elles n'ont point une gravité proportionnée vis-à-vis de l'opinion publique. Qu'une lutte de ce genre intervienne entre deux citoyens, que l'un d'eux succombe, c'est alors que le mal est compris et envisagé dans toute son horreur. La plainte générale s'unit à la douleur de la famille à laquelle la victime appartenait comme père, comme époux, comme fils, et cependant, c'est surtout dans son principe et son occasion que le fait sera flétri ; vous entendrez des voix s'élever à l'envi contre la double fureur qui l'aura produit ; mais vous ne verrez point l'animadversion publique désigner comme un meurtrier, comme un assassin, l'auteur du mal ainsi déploré.

On maudit l'acte et ses suites, non l'homme. L'horreur inséparable de l'événement ne s'attachera point à lui-même. Il ne sera point en butte à cette répulsion que suscitent la perfidie et la bassesse. Combien dont les relations intimes n'ont point souffert, dont la considération n'a malheureusement pas déchu aux yeux des uns, tandis qu'elle s'accroissait aux yeux des autres! On songera tout d'abord qu'il a été poussé par une influence et des passions étrangères à sa propre volonté, dont lui-même déplore peut-être amèrement les suites, surtout si la provocation n'était point son fait. La collision dans laquelle il a été acteur, sera déclarée infâme, barbare; le résultat ne lui sera point imputé distinctement à crime (1).

Ne nous en tenons point à la voix du peuple; interrogeons la voix isolée, mais plus sage, du philosophe, du publiciste. Ils insisteront, avec une énergique indignation, sur la criminalité du duel en lui-même; mais ils déclareront criminel le rôle de chacun des combattans. Ils rejetteront sur tous deux le résultat de cette lutte féroce, résultat qui semble n'être cependant que l'œuvre d'un seul. Ils déclareront abominable le double projet qui arme deux citoyens contre la vie l'un de l'autre. Vous ne les verrez point séparer le vainqueur et déclarer isolément son fait un *meurtre*, un *assassinat*. Le caractère même assigné par eux à la double action sera, avant tout, celui de désordre social, de révolte contre les lois de la nature, contre les lois du pays.

Rentrons maintenant dans les théories criminelles, et cherchons à déterminer, en les prenant pour guides, en jugeant à

(1) « Pendant la nuit du 25 janvier, *Pesson* reçut un outrage sanglant, » inattendu, immérité. Le lendemain, à dix heures du matin, il était sur le » terrain, en face de la personne qui l'avait outragé, poitrine contre poi- » trine, épée contre épée. Il voulait venger son honneur; la fortune le servit » cruellement, car il fut blessé et son adversaire perdit la vie. On plaignit » l'un, car, jeune encore, il était mort avec courage; on plaignit aussi Pesson, » car, si tout le monde déplorait ce fatal événement, personne ne pouvait » adresser de reproches à Pesson qui avait été si cruellement offensé. La fa- » mille de Baron, elle-même, comprit cette triste situation. Elle y compatit; » elle donna des larmes à Baron, mais elle ne poursuivit point de ses malédic- » tions son adversaire; car elle comprit qu'il pouvait succomber dans la lutte » qu'un outrage sanglant avait rendue inévitable. » (Michel de Bourges, *défense de Pesson*).

leur point de vue, l'immoralité réelle de l'acte, acception faite des circonstances extérieures.

Il convient d'examiner, ainsi que nous l'avons dit, les divers élémens qui concourent à l'établir, l'intention, le but, les moyens; mais donnons la plus grande part à l'intention, puisque c'est en elle que tout vient se confondre, puisqu'elle féconde le fait, puisque là s'opère la gestation, si je puis m'exprimer ainsi, du crime qui se va développer, qui va grandir et apparaître.

Eh bien! hâtons-nous de dire: 1° que la volonté du duelliste n'est point libre ni personnelle, qu'à peine elle lui appartient à demi, qu'elle ne procède, ni d'un instinct cruel, ni d'un instinct criminel; qu'elle n'a point pour mobile immédiat le désir de l'homicide, la soif du sang; que d'ailleurs elle existerait, dans ce cas, à des degrés inégaux, car l'ardeur de la vengeance doit être propre à l'offensé, l'offenseur venant pour satisfaire, et le résultat n'est point l'élément destiné dès-lors à la faire apprécier;

2° Que le but, car ces deux propositions se confondent jusqu'à un certain point, ne comporte pas précisément les blessures, le meurtre, l'assassinat, envisagés comme fin directe, comme fin principale, et surtout comme fin nécessaire.

C'est à cette heure qu'il faut nous ressouvenir que l'opinion qui exalte le duel a régné plus long-temps et plus puissamment qu'aucune race de rois; qu'elle règne encore, et que les limites de son empire, le nombre de ses sujets sont plus étendus qu'on ne pense; car si beaucoup sont soumis ouvertement, beaucoup aussi sont révoltés en apparence, qui s'agenouilleraient à son aspect soudain, au moindre signe de son doigt, et les exemples en témoignent chaque jour. Le duel est, la plupart du temps, une scène jouée aux yeux du monde, et où les plus passionnés ne sont pas les acteurs. La présence des spectateurs les force, les soutient, les anime. Prompte à renier celui qui faiblit, jusqu'à ce que l'effort sagement combiné de la loi vienne à son aide, l'opinion place chaque adversaire entre le combat et le déshonneur. Celui qui a souffert l'insulte ne peut l'effacer autrement, s'il ne veut se résigner pour la vie, peut-être, à subir d'injurieux doutes, d'amères et publiques épreuves (1). Combien l'alternative est plus pressante encore pour celui auquel le combat est offert ! Sans doute il a le choix ; mais jusqu'à ce qu'une pénalité sagement distributive et inévitable, dans tous les cas, intervienne, pour empêcher d'abord que l'alternative ne soit posée impunément, pour empêcher qu'on puisse tenter sans péril la foi et l'obéissance que le citoyen doit aux lois et à la morale, pour gêner la liberté de ce choix ; jusqu'à ce moment, disons-nous, l'hésitation est à peine possible. Le châtiment dont l'opinion le menace est plus qu'afflictif, il est infamant. N'est-ce point là une violence morale ?

« C'est en vain qu'on a essayé chez les modernes d'arrêter » les duels par la peine de mort. Ces lois sévères n'ont pu dé- » truire une coutume fondée sur une espèce d'honneur qui est » plus cher aux hommes que la vie même. Le citoyen qui re- » fuse un duel se voit en butte au mépris de ses concitoyens ; » il faut qu'il traîne une vie solitaire, qu'il renonce aux char- » mes de la société, ou qu'il s'expose sans cesse aux insultes

(1) N'est-on point forcé de prendre au sérieux ces mots échappés à la plume brillante d'un écrivain moderne : « Celui-là est perdu dans le monde » des lâches, qui n'a pas le cœur de se battre ; car, alors, les lâches, qui sont » sans nombre, feront du courage sans danger à ses dépens. Celui-là est perdu » dans ce monde, où l'opinion est tout, qui ne saura pas acheter l'opinion » d'un coup de feu ou d'un coup d'épée ; celui-là est perdu dans ce monde » d'hypocrites et de calomniateurs, qui ne saura pas se faire raison l'épée au » poing, des calomnies et surtout des médisances. La médisance assassine » mieux qu'une épée nue ; la calomnie vous brise bien plus, à coup sûr, que » la balle d'un pistolet. » (*Jules Janin*).

» et à la honte dont les coups répétés l'affectent d'une manière » plus cruelle que l'idée du supplice. » (Beccaria, *Traité des Délits et des Peines*, chap. 29, pag. 277, édition de 1823.)

Le mal vient donc de plus haut que leur volonté. Cette volonté, d'ailleurs, est pervertie par une direction qui lui a été imprimée de longue main, pervertie par les doctrines, par les exemples prodigués. L'opinion a substitué d'avance le fanatisme d'honneur avec toutes ses superstitions à la soif du sang qu'ils n'ont point. Remarquez que celui qui commet un crime dans l'acception que la loi et les mœurs s'accordent à donner à ce mot, sait qu'il commet une action infâme et n'en puise le conseil, l'instinct, le désir que dans ses propres penchans. Il a été averti par l'éducation, par la voix et les habitudes de la société, par les exemples du châtiment infligé à ceux qui l'ont précédé, par l'ignominie de leur jugement, par l'ineffaçable flétrissure qui l'a suivi, que ce fait était odieux et punissable. Il lui faut surmonter cette crainte, cette répulsion, cette barrière morale, pour arriver à la culpabilité. Sa perversité est incontestable.

Ici, au contraire, l'éducation, la voix et les coutumes de la société, les triomphes de ceux qui l'ont devancé, l'opinion de tous ceux qui l'entourent ont inculqué à l'individu offensé ou défié, que le duel est un acte honorable dont l'éclat se réfléchit utilement sur le passé comme sur l'avenir; que, non content de maintenir l'honneur et la dignité de l'homme outragé, il réhabilite, au besoin, l'homme qui a perdu ces biens précieux. Il lui faudra, pour ne pas se rendre coupable, rompre en visière avec les idées communes, idées que le silence de la loi n'avait pas peu contribué jusqu'à ce jour à douer d'une incontestable portée, d'une incontestable vraisemblance.

Scrutons maintenant les préoccupations intimes des gens qui vont se battre en duel; quelle est l'idée immédiatement présente à leur esprit? quel est leur but? est-ce de blesser, de tuer? nullement; c'est de donner ou de recevoir par le combat une satisfaction due à leur honneur, comme on dit. Si vous pénétrez au fond de cette pensée, et si vous recherchez comment elle a pu naître, toute fausse qu'elle est, puisque ce droit appartenant au plus misérable comme au plus honnête des hommes, et le sort ou l'adresse pouvant favoriser le moins digne aussi bien que le meilleur, tout cela n'aboutit qu'à une sanglante parodie de justice et de réhabilitation, vous trouverez que le courage, la valeur ayant été long-temps proclamés comme la garantie de toutes les vertus, par les instincts de la nation et par les habitudes d'une noblesse aux yeux de laquelle le privilége de porter l'épée semblait devoir conserver le droit de s'en servir, celui qui a reçu un démenti, une injure, et qui veut laver cet outrage, ne se rend là que pour prouver sa bravoure, c'est-à-dire qu'il n'est ni menteur, ni vil, ni *lâche*, ce qui comprenait tout dans le principe. Il fait cette preuve en se battant, en donnant la mort, en causant des blessures ou en s'exposant au même sort. Peut-on dire que la double sollicitude, que le double vœu qui amènent ces résultats, sont les mêmes qui excitent aux violences, au meurtre, dans le sens du droit commun; qu'il y a une corrélation réelle entre le dessein qui pousse ces hommes à cette extrémité et la préméditation d'un autre intérêt qui pousse l'assassin vulgaire à son crime?

Ce serait vouloir créer une analogie malgré toute absence de rapports. Ce serait protester contre toute saine appréciation des choses, et de pareilles méprises ne se peuvent permettre quand il s'agit, non plus de déterminer vaguement le caractère moral d'une action humaine dans un traité de philosophie, mais de la peser dans la balance de la justice et de l'inscrire dans le code répressif, après avoir taxé sa valeur. On aurait beau faire, d'ailleurs, la conscience publique, je ne parle plus de l'opinion, la conscience même du juge protesterait toujours.

Étudions, en troisième lieu, le duel dans ses moyens, dans les circontances qui l'accomplissent. Voyons, à ce titre, quelle forme il affecte, sous quel aspect il se présente.

Laissons de côté un instant les préoccupations qui nous ont accompagné jusqu'ici ; supposons un instant que le duel ne soit point une habitude introduite ni consacrée par les mœurs, qu'il se produise soudainement au milieu d'une nation à laquelle il a été inconnu jusqu'à ce jour, qu'il n'y ait à subir ni les exigences de l'opinion qui l'a enfanté et qui le fait vivre, ni les conséquences de l'inactivité, ou, comme nous l'avons dit, de la complicité de la loi qui a laissé grandir cette opinion au point d'être impérieusement obligée de lui faire des concessions. Apprécions le fait d'une manière plus absolue que relative, et tentons de découvrir son véritable caractère pour reconnaître en même temps le point vulnérable.

Des attaques vives et réciproques, des coups portés de part et d'autre, des blessures faites, la mort donnée volontairement, parfois même la mort des deux combattans, voilà les actes qui s'y succèdent et qui le constituent. Accuse-t-il, de ce moment, les traits hideux des violences et des meurtres que la loi punit? Gardons-nous de le croire ; cette confusion n'a jamais existé et sera toujours inacceptable. La distance est grande dans la réalité ; elle est immense dans la perspective morale, et l'intelligence commune ne manque point à la mesurer.

Quoi qu'on fasse, il en sera toujours ainsi. L'idée de meurtre ou d'assassinat est inséparable de celle de l'oppression du faible par le fort, de l'homme désarmé surpris dans la veille ou le sommeil par l'homme armé, de trahison, d'attaque lâche et imprévue, de motifs odieux et vils. Cette idée ne suit point le duel (1). L'action commise dans un combat loyal ne peut jamais passer pour être complétement criminelle et mauvaise, car elle a toujours deux faces : l'une qui effraie et qui suscite la réprobation ; c'est l'homicide médité ou accompli sans scrupule ; sans autre terreur que celle que l'on éprouve pour soi-même ; l'autre qui plaît et qui réhabilite ; c'est le péril couru. Aux yeux du monde, ce dernier aspect légitime l'acte, pour ne pas dire qu'il en fait la grandeur. Celui qui frappe s'absout en s'exposant.

Il faut bien que la loi ait égard à ces considérations. Vainement elle tenterait de les méconnaître. Lorsqu'à côté d'un fait ne se rencontre rien de ce qui appelle l'infamie, il n'appartient pas à la loi de lui imprimer une telle note. Cette entreprise téméraire ne peut que devenir le signal d'une réaction secourable à l'acte qu'elle incrimine (2).

Sans doute il est juste et beau de poser en principe que l'homicide ne doit jamais se produire en face de la loi sans qu'elle soit aussitôt appelée à intervenir, sans qu'il y ait lieu à une enquête ; mais est-ce à dire qu'il doit toujours apparaître sous un jour également funeste ?

Aux yeux de la loi divine, le sang versé s'élève et témoigne

(1) « S'il y a des cas, selon l'opinion, qui demandent un supplément violent ; » s'il faut par malheur opter entre la vengeance corse ou l'assassinat, d'une » part, et le duel, comme nous nous le sommes fait, de l'autre, le duel n'est- » il pas un moindre mal ? N'y a-t-il pas quelque grandeur à faire comme les » enfans d'Ossian, quand ils criaient à leurs ennemis surpris dans le sommeil : » *Réveillez-vous, car nous voici !* » (Articles publiés dans le journal *La Presse* ; n° du 25 septembre 1837).

(2) « Toutes les fois que l'accusé ne sera pas un duelliste, qu'il se sera » battu pour venger un outrage, ou je connais mal mon pays, ou bien une » condamnation pour assassinat ne sera jamais prononcée dans de telles cir- » constances, car, entre l'assassin et l'homme qui tue son adversaire en duel, » il y a un océan immense que rien ne peut combler. » (Michel de Bourges, *défense de Pesson.*)

contre le meurtrier. Il en sera tenu compte au jour du jugement ; mais qui oserait dire qu'il sera toujours taxé à la même valeur, qu'il pesera toujours du même poids dans la balance ? Aux yeux de la loi terrestre, moins sévère encore parce qu'elle est moins parfaite, parce qu'elle subit le joug de la nécessité et aussi de l'infirmité humaine, celui qui a donné la mort n'est pas toujours et sans distinction appelé meurtrier ou assassin, maudit et frappé comme tel.

Parfois elle commande ou elle excuse.

On pourra supposer une loi qui ne commande point le meurtre, quelque légitimes que soient les motifs ; défense de la patrie, maintien du pacte social violemment attaqué ou méconnu, énergique garantie de la sécurité publique, nécessité d'élever l'intimidation et l'exemple au plus haut degré (1).

On n'en trouvera point qui ne soit contrainte d'admettre l'excuse, suivant des limites et des nuances impossibles à déterminer, parce qu'ici le fait domine le droit. La loi ne peut interdire à la perversité humaine la violation du dogme qu'elle s'imposerait à elle-même. Cette violation intervenant sous mille formes, il faut la peser à des poids divers. Dans l'ordre traditionnel comme dans l'ordre actuel des idées de ce monde, l'homicide affecte en certains cas des formes telles que la loi naturelle l'autorise ou le légitime, que le droit des gens le maintient, que la loi positive l'absout complètement ou modifie à son égard les rigueurs de la pénalité.

Que l'on se garde bien de croire que le raisonnement annoncé par ces prémisses a pour but de démontrer l'innocuité

(1) Il faudrait pour cela proclamer le dogme absolu de l'inviolabilité de la vie humaine. Nous ne savons s'il est réservé à un législateur d'inscrire ce préambule sublime au devant de son œuvre. Ce que nous n'ignorons point, c'est qu'il n'a pas régné un seul jour sur la terre. *Il s'est établi*, dit Châteaubriand, *une libation de sang perpétuelle; la guerre l'a répandu ainsi que la loi.* (Études historiques.)

du duel. Nous prétendons seulement indiquer par quel acheminement on avait pu être conduit à une pareille erreur, et, d'autre part, continuer, en recueillant les circonstances dont le concours forme sa parfaite spécialité, de mesurer toute l'étendue qui le sépare des qualifications du droit commun (1).

L'homicide autorisé par la loi naturelle est celui que la guerre, immense duel des peuples, multiplie dans une effroyable proportion. Perpétuée par un antagonisme qui, plus ou moins étendu ou restreint, n'a jamais cessé complètement sur la terre : la guerre entasse ses victimes par milliers. Le droit des gens légitime, à son tour, ces innombrables meurtres ; il protége leurs auteurs quand ils sont saisis et désarmés ; la paix rassemble dans une même étreinte ces mains teintes de sang : la gloire seule survit au carnage. La guerre civile arme, non plus les nations contre les nations, mais des concitoyens contre leurs concitoyens. L'homicide n'y est cependant point mis en dehors de la loi naturelle et du droit des gens quant au plus grand nombre de ses auteurs ; les chefs seuls, tout au plus, sont punis individuellement et frappés de mort.

La loi positive ne punit point l'homicide que commande la légitime défense de soi-même ou d'autrui. (*Art.* 328, 329 *du Code pénal.*)

La loi positive *excuse*, c'est-à-dire soustrait aux châtimens encourus par le meurtre ou l'assassinat, dépouille de son cacaractère et réduit aux proportions de simple délit, l'homicide commis : 1° en repoussant des attaques dirigées contre la personne ; 2° en repoussant des attaques d'une certaine nature dirigées contre la propriété. Elle excuse également l'homicide qui punit le flagrant délit d'adultère. (*Art.* 321, 322, 324.)

Les conditions qui, dans les cas que nous venons d'énu-

(1) Voy. sur ce point les considérans du remarquable arrêt rendu par la cour de Nancy, le 27 février 1839. (Dalloz, 39, 2, 52).

mérer, absolvent le meurtre, soit complètement, soit à demi aux yeux de la loi naturelle ou de la loi positive, sont visibles et pour ainsi dire palpables.

C'est que, dans tous ces cas, à côté de l'homicide se trouve soit l'idée d'un intérêt plus ou moins sacré à protéger, la patrie, la vie, la propriété, soit d'une agression et d'une défensive réciproques, soit d'une agression non réciproque repoussée par la défense ; idées qui excluent celles de guet-apens, de violence, de lâcheté, de spoliation, ordinairement constitutives de la criminalité. Remarquez même que, dans un cas, celui d'adultère, la loi prend en considération *un outrage violent fait à l'honneur*, et, reconnaissant l'impossibilité de surmonter la passion qui éveille l'impétueux désir du sang chez le meurtrier, se hâte d'excuser cette colère et ses suites.

Si maintenant on considère le duel uniquement dans ses résultats, les conditions d'excuse se pressent inévitablement autour de lui. Vous les reconnaissez aussitôt dans les formes qu'il accuse ; l'assimilation procède des rapports les plus directs.

La guerre a enfanté le duel. Cette filiation n'est point douteuse ; car le fils a conservé tous les traits de sa mère. Vainement on prétendrait trouver son origine dans un sentiment exagéré ou exquis de la dignité humaine ; car les peuples qui ont le mieux compris cette dignité sont justement ceux qui n'ont point connu le duel (1). L'esprit guerrier l'explique mieux : il partage le berceau des peuples qui vivent dans la guerre et par la guerre. Toutes ses allures reproduisent l'i-

(1) « Il faut l'avouer, cette coutume a sa source dans un sentiment outré » de la dignité humaine et c'est ce qui l'a maintenue dans un siècle si jaloux » des droits de l'humanité. » (M. Portalis, *discours prononcé à la Chambre des Pairs en* 1829).

mage des combats singuliers qui servaient autrefois d'épisode aux batailles, et des traits généreux lui restent ; car la loyauté, la régularité n'en doivent jamais être bannies ; et les lois de l'honneur, plus puissantes encore que celles du droit des gens, écartent toute ruse, toute surprise. On y trouve l'agression et la défense réciproques ; on y trouve un droit mis au hasard du combat, après que les autres voies ont été sans doute épuisées. La dignité morale y est soutenue au péril du corps. Chacun, pour arriver à son fait, se dévoue d'abord à un danger prochain, imminent. Voilà pourquoi, on peut le supposer, la voix commune, facile à expliquer par les habitudes sociales, loue dans la paix ce que les ennemis même du duel louent hautement dans la guerre, et attache à ce double risque une idée de noblesse incompatible avec l'idée de crime qu'on voudrait vainement substituer (1).

Ne peut-on dire, pour épuiser cette donnée, que le duel est à la guerre civile ce qu'un désordre particulier est à un désordre général ?

Viennent ensuite, dans leur ordre successif, l'idée d'un intérêt à protéger, l'excuse tirée de la légitime défense. L'honneur, voilà l'intérêt à protéger (2) ; et vainement la raison s'écrie qu'il n'est point permis de sacrifier à une idole, que cet intérêt n'est pas sacré à ce point, qu'il n'a rien que de faux et de frivole. Il est difficile de taxer sa valeur, car elle

(1) « Il ne faut pas demander à une race d'épée, une longanimité et une patience d'injure qui n'est pas dans son caractère. Les Francs reviennent toujours aux armes comme à leur origine. Quand on met le bourreau derrière leur adversaire, on les excite au lieu de les retenir, car il y a deux morts à braver. » (Walsh.)

(2) « Dans l'état de nature quiconque attaque notre honneur de propos délibéré, nous met en droit de le regarder comme notre ennemi et de le traiter comme tel, jusqu'à ce qu'il nous ait fait une satisfaction convenable. » (Burlamaqui, *Principes du droit de la nature et des gens* ; t. II, p. 344.)

est toute relative ; elle dépend à la fois de l'opinion commune, de l'état qu'en fait chaque individu ; et combien l'estiment au dessus la vie ! Tous les jours, faute de pouvoir satisfaire à des engagemens contractés avec un espoir meilleur, des malheureux se dépouillent de leur existence eux-mêmes et sans combat. Dans la circonstance même où nous sommes, le risque de la mort est volontairement couru ; et le préjugé s'est maintenu pendant tant de siècles, malgré des efforts puissans, parce que cette opinion, que l'honneur doit être conservé même à ce prix, semblait simple et naturelle à la nation.

Les saines théories légales semblent se refuser à l'acceptation de la légitime défense, et cependant l'emprunt de cette excuse est loin d'être une méprise. Si, vis-à-vis de chacun des combattans et en général, le duel ne peut prendre rigoureusement ce caractère, il s'en rapproche à un degré incontestable dans certains cas. Lorsque l'un des adversaires, et cela est plus fréquent qu'on ne pense, ne se trouve conduit sur le terrain que par la tyrannie du préjugé, par cette violence morale dont nous avons parlé, par l'alternative du déshonneur ou d'un combat qui répugne à ses habitudes et peut-être à son inexpérience du métier des armes, lorsqu'il lui faut répondre, suivant la coutume, à une provocation à laquelle il ne se sent point libre de se refuser, son action n'est-elle point une défense, et n'est-elle point rendue légitime par la nécessité même qui lui est faite et par toutes ses conséquences? Oui, si telle n'est point la situation du provocateur, telle est celle du provoqué. La légitime défense de sa personne se confond avec la légitime défense de son honneur. A nos yeux, il rentre d'autant plus dans les conditions ordinaires, que nous avons dit et que nous maintenons que le but de faire preuve de courage, non celui de tuer, le mène directement à cette extrémité. En combattant, il repousse et reproduit les attaques de son adversaire pour que la lutte acceptée ne lui devienne point funeste (1).

Mais on m'arrête, et on me dit : cette assimiliation, ces excuses n'ont point le caractère qui pourrait seul les recommander aux yeux de la loi ou aux yeux du juge. Elles sont créées par les adversaires eux-mêmes, n'ont rien de fortuit, mais sont au contraire toutes factices et distinctement prévues. Elles arrivent à n'être qu'aggravantes du crime, à cause du concert qu'elles supposent ; dans les cas successivement rappelés, figure toujours un élément qui n'appartient pas à l'auteur de l'homicide et domine sa volonté au lieu d'en subir l'influence ; c'est celui-là même qui se trouve le principe, l'occasion et, par suite, l'excuse de l'acte ; guerre à repousser, péril soudain de soi-même ou d'autrui, attaque violente, lutte commencée, lutte inévitable. Ici, au contraire, les duellistes créent cette nécessité de propos délibéré ; ils arrangent

(1) « L'individu peut tuer quand ses jours sont en péril, quoique le droit » de vie et de mort n'appartienne à aucun homme sur un autre homme, c'est » qu'en tuant, en état de défense, son but n'est pas du tout d'ôter la vie, son » but direct n'est pas d'attenter à la personne d'un autre homme, mais uni- » quement de défendre, de protéger la sienne. (Boitard, *Leçons de droit criminel*, p. 94.)

Le duel ne saurait s'approprier une telle définition ; nous ne rappellerons point à cet égard d'éloquentes protestations ; il y participe à quelques titres. Un des considérans de l'arrêt de la cour de Nancy est plus explicite. Il montre dans l'application pure et simple du droit commun la nécessité d'étendre au duel le bénéfice de l'art. 328.

« Attendu qu'en se servant des mots *nécessité actuelle*, il témoigne assez » qu'il n'entend s'occuper que de *la réalité* du danger au moment où il com- » mence, sans distinguer entre les causes plus ou moins lointaines, plus ou » moins volontaires, qui ont pu lui donner naissance ; qu'il ne dit nulle part » que la légitime défense devra disparaître là où le danger aurait été faculta- » tif dans son principe, bien qu'il ait cessé de l'être dans son actualité, ni que » la participation quelconque de la volonté à la cause primitive du fait qui » met la vie en péril, privera celui que ce péril menace du droit de s'en dé- » fendre, et lui imposera l'obligation légale de se laisser mettre passivement « à mort. »

à loisir toutes les circonstances. L'attaque comme la défense sont réglées avec une parfaite précision.

Nous voyons, en effet, apparaître aussitôt un étrange préliminaire qui constitue dès l'abord, entre les deux combattans, l'égalité de risques, l'égalité d'attaque, l'égalité de crime, et d'où procède une fin de non-recevoir contre la restitution du préjudice éprouvé par l'un d'eux, contre l'accusation de meurtre ou d'assassinat qu'on opposerait à l'autre. Ce partage de terrain, de péril, de chances et de préméditations coupables, c'est la *convention*.

La convention préalable ; voilà ce qui constitue tout le duel, ce qui constitue sa spécialité, sa personnalité, si je puis m'exprimer ainsi. Principe des dissemblances qui le distinguent de tout autre délit et surtout des blessures ou du meurtre prévus en droit commun, elle le comprend tout entier; elle se reflète sur son ensemble, puis sur chacune de ces circonstances, sur sa fin et ses moyens, sur sa criminalité en un mot. C'est là son aspect le plus saillant. Est-ce pourtant le seul que la loi doit méconnaître ? Peut-être arriverons-nous à prétendre que c'est le seul qu'elle puisse et doive saisir.

Nulle expression n'a paru assez énergique pour la flétrir (1), et après avoir proclamé cette juste horreur, on a conclu en disant que la loi devait nier son existence. Contraire à toute idée d'ordre et de morale elle est réputée non avenue (2).

(1) « Une convention quand c'est la vie qui est le prix du marché! Toutes » les convictions se révoltent contre une pareille pensée. L'existence humaine » est liée à la loi divine qui l'a créée, à la famille à qui elle appartient aussi. » (M. Nouguier, substitut du procureur-général, *réquisitoire contre Pesson.*)

(2) « La convention des parties en pareille matière ! Est-ce donc que tout » indistinctement peut tomber en convention ? Oublie-t-on les limites que la » loi a dans tous les temps apportées à la liberté des conventions ? Oublie-t-on » qu'elle défend celles qui ont pour objet des causes illicites, et qu'elle ré-

Déduction vraie et utile pour repousser quiconque se proposerait de justifier ou de légitimer cette convention prise en elle-même, un semblable raisonnement cesse d'être admissible quand il s'agit de l'appréciation absolue du fait. La convention domine tout alors. Il appartient à la loi de la punir hautement, mais elle n'est pas libre de ne la point voir. Nous sommes sur un terrain où cela ne peut se faire. Comment déterminer la voie ouverte à l'action pénale? Vous ne prétendez point annuler les blessures ou l'homicide; or, leur existence, aux yeux du juge, est inséparable de *leur mode d'existence*. L'un force impérieusement de tenir compte de l'autre, et mieux vaut adapter la loi au fait que le fait à la loi. L'élément constitutif d'un crime, l'élément le plus essentiel peut-être, la machination, le complot, déclarés non avenus sous prétexte qu'ils contreviennent à l'ordre et aux mœurs! comme si ce n'était point une action contraire à l'ordre et aux mœurs qu'il s'agit effectivement de punir, comme s'il ne s'agissait pas de réprimer et non de conférer une valeur, un effet à une stipulation. On ne peut soustraire cette convention à qui veut la frapper de peines. En droit, vous déclarez nulle toute convention impossible ou immorale, mais si elle a pour but un délit, un crime, vous l'appelez complicité, tentative, et vous condamnez ses auteurs (*Voy. MM. Chauveau et Faustin Hélie, Théorie du Code pénal, tome* 5, *p.* 289 *et suiv.*).

Le duel résulte d'une convention par laquelle chacun con-

» pute telles toutes conventions contraires aux bonnes mœurs et à l'ordre pu-
» blic? » (*Réquisitoire de M. le procureur-général* Dupin.)

» Attendu que c'est une maxime sacrée de notre droit public que toute
» convention contraire aux bonnes mœurs et à l'ordre public est nulle de
» plein droit (art. 6, Code civil); que ce qui est nul ne saurait produire d'ef-
» fet et ne saurait à plus forte raison paralyser le cours de la justice, suspen-
» dre l'action de la vindicte publique et suppléer au silence de la loi pour ex-
» cuser une action qualifiée crime par elle et condamnée par la morale et le
» droit naturel. » (*Considérant de l'arrêt du* 22 *juin* 1837.)

sent à exposer sa vie aux chances réciproques et régulières, mais incertaines d'un combat. C'est une loterie et l'assimilation est parfaite dans d'horribles cas, ceux où, de l'assentiment mutuel des deux ennemis, le sort seul choisit et fixe le côté de la mort.

Chacun fait de l'abandon de sa propre vie la condition du droit qui lui est donné sur celle de son adversaire. D'où suit que si l'un d'eux succombe, il n'est point vrai de dire que sa vie a été prise ; elle a été cédée, et des exemples affreux ont montré aussi jusqu'où allait la réciprocité qui naît de ce double échange. Souvent les deux adversaires se sont entretués. Vous voyez d'ici où aboutit cette aliénation maudite, contraire à toutes les lois de la destination humaine. Elle aboutit au plus déplorable et au plus criminel abus du libre arbitre, au suicide (1).

Le suicide ! barrière devant laquelle la société s'arrête en gémissant, et, impuissante qu'elle est, en appelle à Dieu de l'outrage fait à ses lois. L'homme ne peut disposer de sa vie, la morale et la religion proclament cette défense sacrée, mais si elle est transgressive, c'est une question qui s'agite, non

(1) « On connaît le mode tout à fait singulier adopté au Japon pour terminer les querelles particulières. Les deux adversaires conviennent de s'ouvrir le ventre en même temps. La palme de l'honneur est pour celui qui s'expédie le plus vite. Le duel et le suicide sont frères. Les Japonais les ont réunis. (*Histoire des duels*, tome II, p. 398.)

Brantôme, dans un passage cité par M. de Fougeroux, raconte un duel singulier, qui suivit l'assassinat de Henri III. « Un jeune gentilhomme nommé De l'Isle-Marivaux, pour avoir été bien aimé de son roy, et l'ayant perdu, entra en un tel désespoir de tristesse, qu'il résolut de ne survivre audit roy son maître, et pour plus glorieusement mourir, il demanda si quelqu'un ne voulait point se battre à l'encontre de luy. Par cas, se trouva là le seigneur de Marolles, jeune gentilhomme brave et résolu, qui le prit au mot aussitôt. » Le résultat du duel fut la mort que cherchait cet inconsolable favori. (Voy. Brantôme, *Discours sur les duels*, p. 60 et *Histoire des duels*, tome 1er p. 167. — Voy. aussi d'Audiguier, *Ancien usage des duels*, p. 452.)

plus entre lui et ses semblables, mais entre lui et Dieu, auteur de son être. Contentons-nous de sonder cet abîme du regard.

Pris isolément, et procédant immédiatement de son auteur, le suicide nous échappe. S'il relève ici de la loi comme accompli par une coopération étrangère, n'oublions pas que cette coopération est réciproque et simultanée.

Quel ordre d'idées s'ouvre cependant ?

La jurisprudence flétrit et rejette au loin cette convention parce qu'elle est immorale. Nous dirons plus, en elle gît toute l'immoralité du duel. Elle est criminelle ; elle est infâme.

Il y a entre elle et l'homicide qui en est le but prévu, mais qui n'en résulte point toujours, à cause de sa chance aléatoire, la relation de la cause à l'effet. Or, en prenant la convention comme fait à part, son caractère est complet et demeure le même, soit que l'effet suive, soit qu'il ne suive pas. Tout ce qui se doit produire plus tard de coupable, de violent, de désordonné, s'y trouve dès le principe, et c'est en elle que tout doit être saisi.

Son principe, sa base, son expression, se trouvent dans cette opinion que l'homme qui comprend sa dignité et qui a foi dans son courage, ne doit recourir à aucun auxiliaire, pas même à la justice de son pays, pour venger une injure personnelle, pour maintenir le respect qui lui est dû. L'épée doit défendre celui qui sait la saisir ; la force révèle le droit ; la valeur doit faire craindre et faire estimer quiconque ne veut pas d'autre arbitre.

Usurpation odieuse et hardie des priviléges de la souveraineté, elle intervient pour mettre la volonté des deux contractans à la place de la loi, pour consacrer le droit de se faire justice à soi-même et pour en régler l'usage ; elle étend ce droit jusqu'à la faculté inouïe d'infliger impunément la mort.

Conclue à la face du pouvoir social qui a pour mission la justice distributive, elle ne subsiste qu'à sa honte, car elle le récuse et elle le brave.

§ II.

Arrivons maintenant à une conclusion suffisamment préparée par les élémens que nous avons recueillis sur notre route.

Le duel peut être considéré sous un double point de vue, soit comme un attentat à la vie humaine, soit comme un attentat à l'autorité de la loi. Quelle est de ces deux qualifications celle qui doit l'emporter?

S'il apparaît purement comme un attentat à la vie humaine, le législateur qui le définit ainsi se crée aussitôt des difficultés sans nombre. Il faut qu'il abandonne toutes les notions du droit commun, qu'il en substitue de toutes nouvelles, et sans être assuré pour cela de soustraire ses dispositions à l'insuffisance, à l'incohérence dont elles sont menacées.

L'examen auquel nous venons de nous livrer atteste combien il serait gêné dans son action, et révèle successivement les obstacles qui naîtraient sous ses pas.

Le voilà contraint en effet de varier les peines, de les approprier suivant la différence des résultats, d'attendre pour sévir légitimement que ces résultats se produisent.

Or, d'une part, n'est-il point désormais certain pour nous que dans un duel consommé et vis-à-vis des deux adversaires, il y a un des élémens constitutifs de toute action criminelle qui ne varie jamais; c'est l'immoralité: immoralité de l'intention, immoralité du but, immoralité des moyens. La perturbation de l'ordre, le péril social seuls sont plus ou moins apparens et deviennent des motifs irrécusables d'aggravation, suivant que le but proposé ou accepté a été atteint, soit complétement, soit seulement en partie.

L'intention est toujours une et indivisible.

En droit commun, l'homme qui blesse est à coup sûr moins pervers et moins immoral que l'homme qui assassine, parce que les coups et le meurtre ne se confondent point dans la même pensée, dans le même dessein. En duel, toutes les conséquences, salut, meurtre ou blessures, préexistent dans le dessein prémidité, dans le péril et les hasards acceptés par les deux adversaires. Vainement tiendrait-on compte de cette nuance introduite par le code étrange des duellistes, de cette distinction qui soulevait si fort l'indignation de Rousseau, entre le duel à outrance et le duel au premier sang. Point de différence réelle, si ce n'est que, dans le dernier cas, on se préoccupe tout d'abord et uniquement peut-être de cette satisfaction d'honneur qui est la pensée immédiate du duelliste, mais sans décliner pour cela le mode de satisfaction; si ce n'est qu'on se propose de s'en tenir à une première tentative de meurtre ou de blessures, sans avoir recours à une seconde, mais sans prévoir d'avance ni récuser les suites de cette tentative qui a toutes les conditions ordinaires d'une funeste réussite, sans qu'on puisse savoir ni mesurer à l'avance combien de sang doit sortir par cette blessure qui va être faite, et si la vie ne s'échappera point avec lui.

Je le demande froidement, avec la certitude d'être dans le vrai et sans douter un instant de la réponse. Lorsque un homme venu sur le terrain, après avoir fait choix d'armes à feu, ajuste son adversaire et tire sur lui, quelle différence peut-il exister dans la criminalité de son action, soit qu'il le tue, soit qu'il le blesse, soit qu'il le manque? Interrogez les maximes inviolables du droit criminel ou appelez-en aux seules lumières de la conscience, et dites-moi en quoi son intention a pu varier du moment où il a fait ce qu'il était en lui de faire pour l'atteindre.

Supposons néanmoins des conséquences de nature à tomber dans le domaine de la loi, la qualification de blessure et d'homicide doit être singulièrement modifiée et détournée du sens grave qu'elle implique d'ordinaire, car les motifs sont nombreux et pressans. D'abord, outre que l'intention est dans un rapport indirect avec l'acte incriminé, il faut nécessairement tenir compte de la tyrannie de l'opinion dont elle relève. Nous n'avons pas eu de peine à démontrer que si, en mettant un intérêt en regard de la vie, le duelliste fait ce que nul ne le contraint physiquement de faire; il ne manque point cependant d'obéir à une contrainte morale. On sait quel prix coûterait sa liberté. Il se trouve ensuite que cet effet ne peut être considéré indépendamment de sa cause et des circonstances qui l'accompagnent, qu'il ne s'explique que par la convention dont il procède, et ne peut être pris en dehors d'elle; que certaines conditions d'excuse impossibles à nier, ressortent de son mode d'existence si on s'obstine à le définir, et à le juger d'après les principes du droit commun. L'assiette de la peine devient de plus en plus difficile à établir sur des bases solides.

Là ne s'arrêteront point, toutefois, l'impuissance ou le danger d'erreur nés de cet étrange abus de l'analogie; l'incrimination bornée aux résultats du duel ne promet qu'une satisfaction imparfaite aux intérêts de la vindicte publique, rend l'appréciation injuste vis-à-vis des coupables, ou force la loi d'être inconséquente.

En 1829, M. Courvoisier disait à l'appui de son projet qui n'était que la consécration des principes empruntés au droit commun : « Ce n'est point l'inscription d'une infraction nou-
» velle que nous venons vous proposer d'ajouter à la longue
» nomenclature des crimes et des délits insérée au Code pénal.
» *Nous ne considérons point le duel en lui-même comme une at-*

» *teinte à la paix publique ; nous n'envisageons que ses suites ;*
» *l'intérêt de la société n'en demande pas davantage.* »

L'intérêt de la société n'en demande pas davantage ! Ainsi, deux citoyens, deux ennemis se rendent sur le terrain avec la détermination et après les préliminaires que nous savons. Toute tentative d'accomodement échoue devant leur fierté ou devant leur fureur, et les armes sont apprêtées, le combat commence. Cependant la volonté de ces deux hommes est vainement homicide. Après des coups échangés, des efforts répétés, acharnés peut-être, le sang n'a pas coulé, et ils se séparent sans que rien puisse troubler leur retraite. L'intérêt de la société n'a point été compromis, dites-vous ? Étrange erreur ! Il est vrai qu'il n'est résulté aucun mal physique, aucun préjudice matériel pour la société ni pour les individus ; mais croyez que nous n'exagérons point quand nous disons que le mal moral a été aussi grand, plus grand peut-être ; car lorsque les suites du préjugé apparaissent dans toute leur horreur, un rude coup lui est porté, car l'opinion va, sans répugnance et sans contradiction de votre part, transformer en acte noble et généreux cette démonstration dont le sang n'a point terni l'éclat. Il n'y a point d'homicide, il n'y a point de blessures, dites-vous ? Non, mais il y a un crime odieux et punissable ; il y a le crime de duel, crime distinct, crime complet dans lequel, suivant le hasard, l'homicide et les blessures ne font que se confondre. La loi foulée aux pieds, le meurtre mis en loterie, le projet, l'exécution, tout y apparaît, et cependant la justice demeure impassible !

Que devient cet élément essentiel de criminalité qui réside dans la perturbation de l'ordre, dans le péril social ?

Poursuivons les conséquences. Un des adversaires tombe frappé d'un coup suffisant pour interrompre le combat, mais qui n'est point mortel. Alors vous accourez et votre intervention est justifiée ; il y a blessure ; vous vous emparez de celui qui l'a faite. D'où vient cependant que vous ne saisissez qu'un seul coupable, tandis qu'il y a deux complices ? Le résultat constaté procède d'un fait commun aux deux individus, préparé, prémédité par tous deux. La fureur de l'un était-elle moindre ? Non ; mais seulement ses coups ont été plus mal assurés. La volonté, la main de chacun d'eux sont allées au-devant du meurtre et toutes deux à un égal degré. A quoi a-t-il tenu que le coupable ne fût lui-même victime du crime dont vous le déclarez seul auteur ? Au hasard ! Vous arrivez donc à prendre pour point de départ et pour règle de votre action la chance incertaine qui a été constituée juge dans cet infâme débat ; vous acceptez donc aussi cette loi, tandis que vous devriez la subir dans un cas unique, dans le cas où, par suite d'un principe que la loi étend à toutes les infractions, la mort d'un des coupables éteint l'action criminelle dont il était passible. Jusque là et en bonne justice distributive, il serait convenable de ne vous préoccuper du mal physique et du commencement de châtiment éprouvés par le complice qu'au moment de fixer l'échelle des peines. Partir de cette base pour punir l'autre adversaire, c'est d'une part restituer contre le préjudice éprouvé celui qui n'a pas droit de s'en plaindre si l'on se préoccupe de la maxime, *Volenti non fit injuria ;* d'autre part, faire supporter à l'auteur du préjudice toute la responsabilité d'un mal qu'il n'a pu accomplir qu'à ses risques et périls, par l'effet d'un concert préalablement arrêté entre eux.

La jurisprudence me répond (1) que la loi n'est pas réduite à l'impuissance jusqu'à ce que le sang coule ; qu'il y a dans le duel non suivi de résultats fâcheux une tentative d'homicide

(1) Voy. notamment, arrêt du 22 décembre 1837, c. Radimont et Binet. (Chauveau et F. Hélie. *Journal criminel*, année 1837, p. 318.)

volontaire caractérisée par les termes de l'art. 2 du Code pénal, que l'existence de cette tentative place aussi sous la menace de la répression chacun des deux adversaires, dans le cas même où un seul aurait été atteint.

On arrive alors par une extension fausse ou inopportune de principes à des inconséquences qu'aucun juge ne saurait sanctionner.

La tentative sera toujours, en effet, qualifiée tentative de meurtre ; car il n'existe pas légalement de tentative de blessures. La qualification sera toujours telle vis-à-vis du vaincu dans le cas de sang versé, notamment quand il aura été fait usage d'armes à feu ; d'où suit :

1° Que le duel deviendra l'objet d'une accusation beaucoup plus grave en l'absence de tout résultat fâcheux que lorsqu'il aura été suivi d'un préjudice appréciable (1), qu'on serait peut-être rigoureusement contraint de faire peser l'inculpation la plus grave sur celui qui a éprouvé le préjudice, sur le blessé, à moins de placer, suivant le système de l'arrêt du 22 décembre 1837, l'auteur même de la blessures sous la prévention de tentative de meurtre, et non point sous celle de blessures ayant ou n'ayant point occasioné une incapacité de travail de plus de vingt jours (2) ;

(1) Les condamnations correctionnelles prononcées récemment par le tribunal de Versailles (*audience*, du 7 avril 1840), contre les auteurs de blessures légères et l'acquittement sans exception de tous ceux qui ont été poursuivis devant les cours d'assises pour homicide commis en duel, ne prouvent-ils point aussi que la répression empruntée au droit commun arrive à ce déplorable résultat d'atteindre quelquefois les faits d'une médiocre gravité, en laissant toujours impunis ceux qui compromettent plus gravement l'ordre public ?

(2) «..... Attendu qu'il est reconnu en fait, par l'arrêt attaqué, qu'un duel » au pistolet, dont une convention avait réglé l'heure, le lieu et les armes, a » eu lieu entre *Badimon* et *Binet*, en présence de témoins choisis par eux » que *Binet* ayant fait feu le premier, a percé d'une balle le chapeau de son » adversaire, à quelques pouces au dessus du crâne ; que *Badimont* ayant

mode de procéder injustifiable vis-à-vis de lui, car on substitue à un élément réel, parfaitement connu, le résultat auquel il s'est arrêté sans manifester l'intention de passer outre, un autre élément accepté comme chance, mais non point recherché comme but direct, à moins de convention spéciale, le résultat plus fâcheux que le hasard pouvait produire, qu'il pouvait attribuer à une autre main; et on prend cette éventualité pour base, afin de caractériser son action, afin de déterminer la peine due à la tentative qui, au terme de la loi, doit être considérée comme le crime même; on envisage comme simple commencement d'exécution ce qui, à son égard, a été un acte complet;

2° Qu'on crée une singulière anomalie en confondant le meurtrier et la victime dans une incrimination de même nature et qui a justement pour base le meurtre tenté ou à demi accompli. Les règles du droit commun ne se prêtent pas à une théorie de cette nature. Il faut faire choix pour atteindre un pareil but d'une incrimination spéciale; sinon une saine logique apercevra toujours là quelque chose de contradictoire (1).

» tiré ensuite, a atteint *Binet* d'une balle au bras droit et lui a occasioné » une blessure dont la guérison n'a été complète qu'au bout de deux mois. — » Que ces circonstances présentent non-seulement, de la part de *Badimon* la » prévention du crime de blessures volontaires prévu par l'art. 209 du Code » pénal, mais aussi, tant de la part de *Badimon* que de celle de *Binet*, la » prévention d'une tentative de meurtre commise avec préméditation, mani- » festée par un commencement d'exécution et qui n'aurait manqué son effet » que par des circonstances indépendantes de la volonté de son auteur; crime » prévu par les art. 2, 295, 296 et 302 du Code pénal. — Que cependant la » cour royale de Rennes a, par l'arrêt attaqué, déclaré qu'il n'y avait lieu à » suivre contre lesdits *Badimon* et *Binet*...... Casse. » (*Journal du Droit criminel*. IXe vol., p. 317 et 318).

(1) « Le Code, en effet, a-t-il supposé quelque part que l'assassin et la vic- » time puissent être enveloppés dans la même peine, que l'auteur de la bles- » sure et le blessé puissent être déclarés à raison de cette blessure même,

Tels sont les inconvéniens du système qui tend à ne voir et à ne réprimer dans le duel que ses suites.

Si le duel apparaît au contraire comme un attentat à la souveraineté de la loi, une rébellion, une publique et abominable usurpation du droit de justice, tout change d'aspect, toutes les difficultés s'applanissent.

Il y a devant nous un élément qui appartient à la loi répressive complétement, immuablement et sans discussion. L'immoralité est invariable et répartie d'une manière toujours égale.

L'intention n'est pas douteuse puisque le fait prévu et qu'il s'agit de punir est accompli par la seule manifestation du dessein formé, par la mise au jour et en œuvre de ce double complot qui a pour but de substituer la justice privée à la justice publique. La loi n'a crainte de se méprendre.

Point de distinction inique vis-à-vis des combattans ; point de poids divers pour un délit commun : tous deux se sont unis pour commettre une action illégale, pour en appeler à la force et au hasard dans la discussion d'un droit ou la réparation d'une offense. Elle les punit comme deux complices ; elle leur prépare l'égalité dans le châtiment, parce qu'on avait pris soin dès le principe qu'il y eût pour eux égalité dans les rôles. Ne croyons point pour cela qu'elle ne tienne pas compte de l'inégalité qui est résultée des chances du combat et de ses suites. Encore qu'il y ait là une considération purement accessoire, puisque c'est l'empreinte du hasard plutôt que celle de la volonté qui se trouve visible, cependant le péril social est aggravé, et pour ne point négliger cet élément essentiel, une responsabilité plus sérieuse sera encourue par l'auteur

» complices l'un de l'autre ? Si la victime est coupable, n'est-ce donc point » que l'agent n'est pas un assassin ? » (Chauveau et Faustin Hélie, *Théorie du Code pénal*, tome 5, p. 295.)

des blessures ou de l'homicide. Cette différence, cette aggravation se justifient tout d'abord parce qu'elles ne sont pas fondées sur le préjudice éprouvé par le vaincu dans la perpétration de son crime, mais sur la funeste réussite qui, en souillant de sang les mains du vainqueur, augmente par son fait le deuil public en même temps que le deuil privé.

Armée d'une qualification dans laquelle tout se concentre sans effort, la vindicte publique ne sera jamais imparfaitement satisfaite. Elle envisage l'acte incriminé sous un aspect unique, s'attache aux circonstances qu'il comporte plus qu'à celles qu'il présente, lui reconnaît dès sa naissance toute maturité pour la répression et le saisit de plein droit sitôt qu'il a paru. L'intervention du magistrat ne saurait être alors ni paralysée à demi, ni subordonnée à des événemens incertains.

L'opinion ne manquera plus d'être prise en considération, car tout le regard de la loi va se tourner vers elle pour la combattre et la vaincre.

Ce n'est plus le fait enfanté par l'opinion qui sera considéré, dès lors, isolément, indépendamment de cette opinion, au risque inévitable d'une injuste et fausse appréciation. C'est elle-même qui subit une peine appropriée à sa nature, et la pénalité devient à la fois une lutte morale et une répression. La qualification cesse d'être empruntée à un ordre d'idées étrangères. Derrière le crime apparaît, nous l'avons dit, l'erreur, la crédulité des masses qui proclament comme un saint devoir l'inobservation de la loi écrite, qui préfèrent à cette loi le code traditionnel des coutumes léguées par une société barbare. C'est la profession de cette foi qu'on réprouvera en effet, c'est ce culte sanglant dont les prosélytes vont être proscrits aussitôt que l'aveu d'une telle croyance, déclaré par le vulgaire licite et digne d'éloges, sera classé parmi les délits.

En punissant ainsi la manifestation même, ou pour mieux

dire, la mise en scène de l'opinion, en persécutant la doctrine dans ses adhérens, la loi se pose d'un pied ferme et inébranlable sur son terrain. Ne défend-elle pas légitimement dans cette guerre les limites de son empire? Convient-il qu'à côté et au-devant de la justice qui tient gravement ses balances, vienne se placer cette autre justice furieuse, à l'œil hagard, qui substitue aux argumens les coups d'épée? C'est le droit odieux du plus fort; c'est la juridiction absurde du hasard.

Rappelons-nous à cette heure, comme des précédens utiles à consulter, les diverses législations énumérées dans l'examen analytique qui nous a servi de préliminaire. Nous y trouvons l'idée de rébellion à la loi presque partout mise en relief avec plus ou moins d'intelligence. L'un des réformateurs qui ont poussé le plus avant la logique et l'observation en matière de criminalité, M. Livingston s'en préoccupe directement, et en fait, à peu de choses près, la base de son système. Elle apparaît dans les autres législations spéciales; elle se reflète dans quelques-unes de leurs dispositions et y est entrevue, pour ainsi dire, comme par intervalle. La législation russe qualifie le duel d'*action illégale*, et se crée des conséquences qu'elle ne tarde point, il est vrai, d'abandonner.

Nos anciennes ordonnances avaient suivi la voie indiquée et se trouvèrent aussi logiques en ce point. Nous avons remarqué, lorsqu'il s'est agi de résumer leur esprit, qu'en qualifiant le duel crime de lèse-majesté, elles l'ont considéré par-dessus tout comme un défi porté à la société, comme la négation insolente du droit de justice et de l'autorité du roi (1). Sauf la

(1) « Il suffit, dit d'Aguesseau, de parcourir les édits et déclarations qui » ont été faits successivement par les trois derniers rois, sur cette matière, pour » y trouver ces expressions généralement répandues, que le duel est un véritable attentat à l'autorité royale, où un particulier, sans la permission du » roi, présume de donner un combat dans son royaume et de se faire justice

différence que nous avons vu exister entre les *appelans* et les *appelés*, le vaincu était puni aussi sévèrement que le vainqueur, et la rigueur des conséquences était portée jusqu'à un excès que ne tolèrent plus nos lois ni nos mœurs. On faisait le procès au défunt, on déshonorait son cadavre et sa mémoire, parce que sa mort n'éteignait point l'action, ne détruisait pas sa complicité.

Si l'application a été poussée à un degré intolérable, l'idée dont elle procédait doit néanmoins paraître juste.

En résumé, un duel consommé présente deux ordres de faits distincts.

1° *La mort ou les blessures de l'un des combattans.*

La loi ne peut prendre ces accidens pour principe unique, ni même pour principe direct de son action, parce qu'avons-nous dit, un double motif tiré des conditions qui les accompagnent et les modifient, de la convention qui les précède, empêche de les assimiler à l'assassinat et aux blessures prévus par les art. 295 et suivans, 309 et suivans du Code pénal. Ils deviennent une circonstance du crime.

2° *Le désordre social, la désobéissance aux lois, la convention immorale et illicite dont tout procède.*

Là est le fait essentiel dominant; là se trouvent le principe et l'objet direct de l'action répressive. Elle punira le DUEL *à cause* de ses résultats qui sont toujours la violation de la loi, et souvent pour la société la privation d'un de ses membres, mais non uniquement *dans* ses résultats. Comme il ne peut toutefois lui être indifférent, qu'il se produise sans eux ou avec eux, ces circonstances *accidentelles* interviendront toujours

» lui-même, ce qu'il ne peut faire sans entreprendre sur la partie la plus élevée et la plus auguste de l'autorité royale. » (*Édition Pardessus.* t. VIII. p. 184).

comme circonstances aggravantes du fait dont elles ne détermineront point le caractère.

Nous résoudrons ainsi la question posée en commençant, savoir : sous quel rapport le duel doit être envisagé par la loi pénale, et nous dirons avec M. le procureur-général Dupin, quoique dans un sens plus absolu, quoique pour arriver à d'autres conséquences : « C'est, avant tout, un trouble à la » paix publique, un mépris de la loi, une protestation contre » l'organisation sociale. » (*Réquisitoire sur la question des réparations civiles.*)

CHAPITRE III.

Du meilleur mode de répression à adopter.

§ I.

Parmi les partisans de la pénalité spéciale, beaucoup ont réclamé un préambule qu'ils déclarent indispensable. Séduits par la corrélation que présentaient dans les anciennes ordonnances les dispositions répressives et l'existence d'un tribunal, expressément institué pour connaître des atteintes portées à l'honneur, et faire droit aux griefs qui naissent de ces atteintes ; convaincus, d'autre part, que la loi doit, avant de punir le duel, lui enlever tout prétexte capable de le légitimer ou de le rendre excusable, ils désirent un système complet de législation, embrassant d'abord les moyens préventifs. Plusieurs même n'admettent qu'à ce prix la possibilité, je dirai plus, la justice absolue de la répression (1).

(1) L'arrêt de la cour de Nancy, du 27 février 1839, tire de l'absence d'une loi spéciale sur les injures qui provoquent ordinairement les duels, un argument contre l'application du droit commun.

« Considérant que, du silence gardé par le Code pénal de 1791, concernant

L'homme qui met l'épée à la main, disent-ils à ce sujet, allègue la nécessité de protéger sa dignité personnelle contre les outrages que prodigueraient outre mesure, sans ce frein redoutable, la haine, l'insolence, la témérité. En assurant des réparations suffisantes à tout homme qu'une offense met en droit de se plaindre, on diminuera la fréquence des duels, en même temps qu'on justifiera pleinement la sévérité de la loi répressive.

Bentham n'hésite point à déclarer que la loi, si elle proscrit le duel, est tenue de le remplacer, et propose une série de réparations correspondant aux diverses natures et aux divers degrés d'offenses (1).

Burlamaqui demande aussi que la loi, avant de proscrire le duel, proscrive sévèrement l'outrage qui en est l'occasion (2).

C'est aussi dans ce sens que M. Barthe écrivait, en 1829, à la suite d'une brochure publiée par M. Mongalvy, « qu'une « loi contre le duel réclame nécessairement quelques modifi- « cations à la loi qui punit l'injure. »

Sans doute, une réforme, serait ici introduite à propos dans la législation sur les injures, mais quels devraient en être le caractère et la portée ? la loi satisfera-t-elle un véritable besoin, agira-t-elle sagement, s'il ne lui suffit point d'agrandir, par une simple élévation du *maximum*, par la faculté de l'application d'une peine corporelle, les pouvoirs du juge qu'elle autorise à peser l'offense et à mesurer la peine encourue ?

» le duel, et de l'abrogation des lois anciennes qui avaient pour objet de le
» prévenir et d'en tarir la source, en accordant aux personnes offensées
» une réparation judiciaire proportionnée à la gravité relative de l'insulte, on
» devait naturellement conclure que l'assemblée constituante n'avait voulu
» frapper d'aucune répression les faits résultant du duel, etc. »

(1) *Traité de législation civile et pénale*, chap. XIV.

(2) *Principes du droit de la nature et des gens*, t. 2, p. 344.

Sans doute il est à désirer qu'elle réprime promptement et suffisamment les injures que le duel a pour but de laver; mais est-ce à dire qu'elle doive se substituer complètement à l'office du duel avant de le répudier, qu'elle est tenue de remplacer ce *grand maître de la civilisation moderne*, comme n'a pas craint de l'appeler un écrivain, de se faire le redresseur des torts qui motivent sa sanglante intervention?

C'est là le rôle qui lui serait réservé, cependant, si la législation changeait, en cette matière, les bases mêmes et les principes adoptés jusqu'à ce jour; si, prenant en considération des offenses dont la gravité ne lui avait point paru jusqu'à ce jour motiver ni mériter une sanction répressive, elle partageait à leur égard les susceptibilités sociales.

L'écueil est imminent; il faut combattre l'opinion qui exagère ces susceptibilités et non point la subir, et non point s'incliner honteusement devant elle; il faut éviter, par dessus tout, de rendre, sous un nouvel aspect, le législateur esclave ou complice des préjugés qu'il se propose de faire disparaître.

On ne pourrait, évidemment, étendre la nomenclature des délits, élever au rang d'offense grave l'injure qui ne compromet réellement ni l'intérêt, ni la considération des gens, infliger des peines exorbitantes pour certains outrages que la coutume du monde répute infamans, sans confondre les vaines exigences avec celles qui sont justes, sans détruire l'économie bien fondée de la loi actuelle qui se préoccupe, après tout, d'un préjudice souffert, d'une lésion morale ou matérielle, de l'atteinte portée à l'honneur par la diffamation ou l'imputation injurieuse, de l'atteinte portée à la sûreté individuelle par les coups et blessures. On ne pourrait le faire sans accepter d'injustifiables caprices, sans naturaliser plus amplement des idées fausses que la tradition seule a perpétuées et rangées au nombre des habitudes, que leur origine même met doublement en contraste et en désaccord avec les allures de la société moderne, avec les rapports nouveaux résultant de sa constitution même (1).

Comment procéder ainsi, d'ailleurs, sans méconnaître à certains égards l'égalité qui doit exister devant la loi? en effet, certaines offenses par geste ou parole seront légèrement punies entre gens de condition médiocre, tandis que, vis-à-vis d'individus d'une classe plus élevée, et par suite faisant davantage profession de l'honneur, ainsi que le disait Pasquier de la noblesse de son temps, elles seront réprimées avec une sévérité excessive, parce qu'il plaît à l'opinion de déconsidérer celui qui en est l'objet. Cette différence peut exister parfois dans l'application; nous l'admettons en accordant que les blessures sont dans la réalité plus vives, le mal plus grand, mais elle ne doit point se faire jour dans le texte même de la loi. Remarquons que l'inégalité des conditions, légalement reconnue et consacrée dans l'état, se prêtait merveilleusement aux institutions créées par les ordonnances antérieures à 1789, qu'elle en était à la fois le principe et la base.

C'est au code de la politesse et non au Code pénal à défendre et flétrir les procédés grossiers ou violens qui choquent

(1) « En terminant ce qui nous reste à dire sur ces deux usages (le combat » judiciaire et les tournois), remarquons quelques façons d'agir ou de penser » qu'ils introduisirent. 1° Le démenti donné à un juge faussait son jugement, » et par suite, l'obligeait à venger l'outrage fait à son honneur; la formule du » démenti par elle-même, et séparée de son objet primitif, devint par cela » seul un sanglant affront; 2° Le bâton n'était plus l'arme du gentilhomme, » mais du vilain; frapper quelqu'un du bâton, c'était le traiter en vilain; 3° » Le gentilhomme combattant un masque au visage, le vilain le visage nu, les » coups sur le visage étaient un traitement de vilain; 4° Demander la vie dans » un combat singulier, c'était se soumettre à l'infamie; de là l'infamie de » certaines concessions quand la vie peut être en danger, etc. » (*Articles* » *publiés dans le journal la Presse*, n° *du* 22 *septembre* 1837.

les usages admis parmi les gens bien élevés. L'esprit du temps n'est point en retard sous ce rapport. Reste-t-il beaucoup de pas à faire notamment pour que l'homme du monde qui porte la main sur un autre homme soit seul déconsidéré? L'opinion la plus commune et la plus recommandable qualifie d'ignoble brutalité le fait de celui qui frappe un adversaire inhabile à de telles luttes et qui perd, dès l'abord, tout respect pour lui-même, en intervenant par des coups dans une altercation verbale. Cette tendance deviendra plus générale, lorsqu'une loi bien faite empêchant de tirer vengeance des voies de fait par le duel qui, disait-on, égalisait les forces en y substituant les courages, il y aura plus de lâcheté à provoquer de cette façon la faiblesse ou l'inhabileté physique. Les insultes gratuites, imprudentes, imméritées, seront certainement vues de même œil et retomberont aussi sur leurs auteurs. Qu'on se garde seulement, je le répète, si on prétend seconder le progrès, de donner asile dans les lois aux idées qu'on veut bannir des mœurs.

Nous repoussons donc, à ces divers titres et de toutes nos forces, le système qui tendrait à faire revivre la pensée dominante de l'ancienne législation, qui tendrait à constituer véritablement nos tribunaux juges du point d'honneur dans certaines occasions.

C'est au juge, disons-le hautement, à seconder la loi où se trouvent déjà en dépôt des pouvoirs suffisans. Il lui appartient d'en faire ressortir, quand les faits rendent la plainte grave et légitime, une réparation aussi satisfaisante qu'exemplaire; l'amende, les dommages-intérêts, peines appropriées à des délits tout personnels, l'emprisonnement même appliqué à de hauts degrés atteindront sûrement ce but.

La jurisprudence des tribunaux anglais offre parfois, à cet égard, de louables exemples.

M. Defougeroux, après avoir consacré une partie de son ouvrage à l'histoire des duels en Angleterre, ajoute :

« On peut conclure, des nombreux exemples cités, que le » duel n'a jamais eu en Angleterre le même résultat qu'en » France. Si la comparaison est loin d'être à notre avantage, » cela tient bien certainement à des différences essentielles » dans le caractère et les mœurs des deux peuples ; mais cela » tient surtout à la jurisprudence des tribunaux britanniques » sur les injures privées.

» Le magistrat anglais ne refuse ni ne marchande la répa- » ration d'aucun tort. Là, le jury, à qui sont déférées les » causes criminelles de tous les degrés, et même, dans cer- » tains cas, des causes civiles, comprend toute l'étendue de sa » mission. Là, on est bien moins tenté de chercher dans les » hasards d'un combat une satisfaction qu'on est assuré d'ob- » tenir par les voies légales ; là, on peut plaider en toutes » matières sans craindre, ou la capricieuse indifférence du » juge, ou les malins commentaires de l'opinion.

» ..... Une des nombreuses revues qui se publient dans la » Grande-Bretagne, ayant inséré quelques lignes offensantes » pour la femme d'un *gentleman*, l'écrivain poursuivi en jus- » tice, fut condamné par le jury, à une indemnité de 10,000 » *livres sterling* (250,000 francs).

» Un Anglais, nommé *Watson*, ayant insulté un juge de » paix qui venait de prononcer une sentence, contre lui, fut » condamné pour ce fait, à 3,000 *livres sterling* de domma- » ges-intérêts (75,000 francs).

» On pourrait multiplier à l'infini des exemples semblables » qui prouvent avec qu'elle sévérité les tribunaux britanni- » ques répriment les injures privées. Là, tout est grave, tout » se passe au sérieux. En général on y frappe fort sur la

« bourse, et c'est là frapper juste. » (*Hist. des Duels*, tome II, page 163) (1).

Passons du court examen de cette question préalable à la question directe de la répression.

§ II.

Pour déterminer, dès le principe, les bases destinées à servir de point d'appui à ses dispositions, pour rompre sans retour avec les erremens de la jurisprudence, avec les doctrines faussement empruntées au droit commun, pour féconder et rendre pratiques les idées que nous avons cherché à mettre en relief, à l'aide d'une patiente analyse, la loi répressive du duel devra, ce nous semble, présenter tout d'abord une définition conforme au point de vue qu'elle aura choisi.

Qu'une double formule assigne au duel la qualification de *révolte contre la loi*, *d'action illégale*, et attribue essentiellement, au concours des deux individus dont cette action émane, le caractère de *complicité*.

Le point de départ étant ainsi établi dans un premier article, la difficulté n'aura plus trait qu'au choix de la peine et au choix de la juridiction chargée de l'appliquer; or, notre marche est assez éclairée sous ce rapport; les élémens que renferment nos préliminaires suffiront pour nous guider.

Les obstacles que rencontre la répression du duel proviennent, nous l'avons vu, de la résistance qu'oppose l'opinion publique; il est à redouter que la loi pénale, expression des forces et des nécessités sociales, ne soit niée dans son principe

(1) En France, l'application de l'amende et des peines corporelles donneront la réparation un caractère de gravité et de dignité que lui enlèveraient peut-être des condamnations pécuniaires de cette nature. L'opinion serait prompte à accuser celui qui réclamerait ou obtiendrait du juge des *indemnités* si exorbitantes d'avoir escompté son déshonneur.

et combattue dans son application par les mœurs, autre expression du vœu social, autre force, autre nécessité.

La voie se trouve donc étroitement tracée au devant des pas du législateur. Il faut, d'une part, qu'elle ne choque point par une contradiction trop brusque des susceptibilités si délicates, qu'il prenne garde d'éveiller des sympathies et des instincts à peine endormis chez le grand nombre, encore ardens chez quelques-uns; que s'il profite à propos d'une heureuse réaction manifestée dans le sens de la réforme, il ne dépasse point le but, au risque de susciter une réaction contraire; à quoi servirait sans cela d'avoir attendu patiemment le signal, si les deux forces ne s'harmonisent point pour s'accroître; si la peine s'éloigne, par son caractère mal approprié à la mesure de l'esprit public, trop infamant ou trop sévère, des idées mêmes qui l'ont accueillie? on craint la réhabilitation par l'intérêt qu'inspirera le duelliste désormais en butte à l'animadversion et aux poursuites de la loi (1), et cette crainte serait effectivement fondée si le châtiment doit prendre par son nom, par son espèce, par sa gravité, l'apparence d'une persécution, s'il comporte toutes les dignités de l'infortune, s'il réserve à celui qui l'a encouru les honneurs du martyre, s'il le met en vue et lui permet de se donner en spectacle à ses co-religionnaires; mais une peine humble dans sa nature, humble dans ses proportions, n'entraînera point à coup sûr les mêmes inconvéniens. Expiation dépourvue de cette sorte de majesté que peuvent revêtir une condamnation capitale ou une peine exorbitante prononcée pour de telles causes, elle n'offrira que des chances afflictives sans compensation réelles ou idéales,

(1) « Le point d'honneur a aussi son martyre; il sait neutraliser la répression judiciaire en l'assimilant à une persécution dont il se décerne toute la gloire. » (M. Hello, *avocat-général à la Cour de cassation, tom.* XIe *de la Revuee p.* 488).

sans perspective de réhabilitation, aussi bien que sans perspective d'acquittement.

Enfin il convient, d'autre part, qu'une fois adaptée à la mesure de l'esprit public, cette pénalité soit rendue inévitable par le choix de la juridiction; il convient qu'elle soit mise à l'abri des indécisions ou des retours indulgens de juges mal affermis.

La privation des droits ou de certains droits civiques et civils, est la première peine qui s'offre aux regards, la mieux appropriée au délit de l'individu qui a manqué à ses devoirs de citoyen en s'insurgeant contre les lois de son pays. Destinée à punir une infraction motivée par une fausse idée d'honneur, cette répression est trop parfaitement corrélative pour ne point passer avant toute autre (1). Appliquée seule toutefois, elle serait nulle et inefficace dans beaucoup de cas.

On pourrait ajouter qu'elle est fort inégale dans l'application, puisque la gravité est toute relative et dépend de la position personnelle des coupables, de leurs penchans, du prix qu'ils attachent ou de la vocation qu'ils ont aux droits dont on les prive; mais, en y refléchissant davantage, on reconnaît

(1) M. Dupin, dans un ouvrage où il reconnaissait l'opportunité d'une législation spéciale sur le duel, a fait ressortir vivement les avantages de ce mode de pénalité. Qu'il nous soit permis de citer ce passage.

« Vous allez vous battre par respect humain, dans la crainte d'essuyer les » railleries des hommes; vous croyez voir une sorte d'infamie à vous exposer » à leurs reproches; Hé bien! Que la loi vous punisse par où vous vous montrez » sensibles. Vous craignez une infamie de convention, qu'elle vous imprime » une flétrissure réelle; vous ne craignez pas la mort naturelle; la loi vous » frappera de mort civile: quelle vous déclare inhabiles à exercer les droits de » citoyen, indigne d'occuper des places et des emplois militaires et civils, inca» pables de porter témoignage en justice, incapables de succéder, de tester, etc.

» Certes, voilà des peines en apparence plus douces que celles de mort; » hé bien! je suis convaincu qu'elles seraient plus efficaces; personne n'oserait » plus croire son honneur intéressé à les affronter. » (OBSERVATIONS SUR PLUSIEURS POINTS DE NOTRE LÉGISLATION CRIMINELLE, *p.* 294, *Paris*, 1821).

que cette inégalité même tournerait au bénéfice de la loi, au bénéfice des idées d'ordre et de justice, en ce sens qu'elle atteindra plus vivement celui qui aura violé des devoirs plus grands, le fonctionnaire, le représentant du pays, l'homme haut placé dans l'opinion de ses concitoyens. Elle érigera en décret ce que, depuis long-temps peut-être, il eût fallu mettre en pratique. Comment espérer qu'une jurisprudence hostile au duel viendrait à être prise au sérieux, quand on voyait maintenir aux fonctions publiques, aux fonctions même les plus incompatibles avec des procédés de cette nature, des hommes qui avaient tiré l'épée avec un éclatant scandale ?

Nous empruntons donc aux législations de la plupart des états de l'Union la privation pour l'avenir de toutes places, de tout emploi, de tout ou partie des droits civils.

La suite des idées, les conséquences immédiates du système admis sembleraient devoir introduire une disposition, déjà proposée par quelques criminalistes lors de la présentation du projet de 1829, pour atteindre celui-là même qui succombe dans le duel. Mort en état de révolte contre la justice de son pays, mis par ce fait hors de ses lois, la mort civile le frapperait en même temps que la mort naturelle. Ce châtiment compléterait sans doute les rigoureuses déductions de la peine première d'où procèdent nos formules, mais peut-être blesserait-il trop nos mœurs et nos habitudes légales en frappant un individu qui n'a point été jugé, en violant directement le principe proclamé par le droit commun, qui ne permet à aucune action publique criminelle de survivre au coupable?

Ne perdons point de vue d'ailleurs une considération trop souvent négligée par l'ancienne législation. Gardons-nous de recourir à des modes de pénalité qui, loin d'être purement personnels, n'atteignent que des tiers étrangers au délit.

Nous avons observé que la peine de la dégradation civique, de l'interdiction civile serait, par un effet de son inégalité même, nulle et inefficace vis-à-vis du grand nombre qui attache peu de prix à ces droits, n'en jouit point ou n'en jouit que fort peu.

Son caractère de peine purement morale fait aussi qu'elle se prêterait trop à la réhabilitation que l'on attendrait et que l'on obtiendrait aisément peut-être de l'opinion publique. Il faut donc en faire uniquement l'accessoire d'une pénalité plus sérieuse et appliquer au principal une peine afflictive, point infamante, puisque ce serait oublier toute circonspection et dépasser témérairement le but, mais suffisante pour inspirer une crainte réelle et salutaire. L'emprisonnement pendant un temps limité remplira cet objet.

Viennent ensuite les peines pécuniaires. Nous ne partagerions peut-être point l'idée communément répandue qui les signale comme tout-à-fait opportunes en pareille matière. Nous les repousserions plutôt en songeant qu'elles vont aussi trop au-delà du coupable, et atteignent volontiers l'innocent dont elles absorbent les ressources présentes, dont elles diminuent le patrimoine à venir. Infligées à titre de dommages-intérêts, l'inconvénient se trouve compensé, parce que le châtiment qui tourne au préjudice d'une famille répare le mal souffert par une autre famille, et cicatrise, au point de vue de l'intérêt, de saignantes blessures. Infligées à titre d'amende, l'inconvénient n'est point racheté par un aussi louable motif.

Toutefois, nous sommes déterminés à les admettre par cette considération qu'on ne peut leur refuser une efficacité que nous appellerons *préventive*.

Et en effet, la garantie que promet à l'ordre social une répression sage, mesurée, partant inévitable, ne tient pas seulement à la terreur qu'elle inspirera. Elle présente, suivant nous, l'immense avantage de fournir un motif plausible de refus à celui qui veut se soustraire à la tyrannie des préjugés. Elle le protége devant l'opinion même des partisans de ce préjugé en dépouillant son refus des apparences de la lâcheté, en substituant, du moins sous ce rapport, le simple soupçon à la certitude. Des peines corporelles, quelqu'accessoires qu'elles soient, n'atteindront que difficilement ce but. Le duel étant lui-même un péril du corps, le duelliste qui affrontera une peine corporelle, aura, aux yeux des partisans nombreux de son action, le mérite d'affronter un double danger. C'est ainsi que la peine de mort appliquée par les édits s'ennoblissait aussitôt et doublait la fierté de ceux qui s'étaient jetés au travers de cet incalculable péril. La fuite et l'expatriation momentanée peuvent d'ailleurs soustraire à de telles menaces. Supposez, au contraire, la perspective d'une condamnation pécuniaire élevée à un taux considérable, chacun des adversaires sera retenu, au moment de provoquer ou de faire honneur à la provocation, par la crainte d'un châtiment qui, en compromettant sa fortune, frappera d'autres êtres que lui s'il est marié, père de famille. Cette crainte pourra être avouée sans honte, acceptée sans trop de dédain. On sera suffisamment autorisé, en un mot, à s'arrêter devant la barrière qu'elle opposera, et l'offensé hésitera peu à demander aux tribunaux une réparation moins hasardeuse. Joignez à ce résultat le ressentiment profond que fait éprouver dans ce siècle chaque coup porté aux intérêts d'argent, le peu de pudeur que l'on met à déplorer de telles pertes ou à s'en garantir, et il faudra reconnaître que l'action des lois peut s'aider utilement en cette circonstance d'un vice même de la société. Beaucoup de gens ne voudront point s'exposer à être ruinés pour suivre bravement une querelle.

Nous n'irons pas toutefois jusqu'à proposer l'admission du

système consacré par la législation de l'un des états de l'*Union* (1), qui met les *dettes* de l'individu tué en duel à la charge de son adversaire survivant. Cette disposition, propre assurément à garantir les gens réputés insolvables de toute provocation téméraire, ne laisse point que d'être fondée sur quelque idée de justice; car on suppose que l'industrie du débiteur, s'il avait continué de vivre, pouvait parer dans l'avenir au paiement de ses dettes sans qu'il fût besoin d'entamer les capitaux et le patrimoine des siens. C'est une allocation toute spéciale de dommages-intérêts; mais une telle peine se trouve trop indéterminée de sa nature, trop inégale, et dans certains cas trop excessive, pour qu'on puisse en proposer sérieusement l'emprunt. Il paraît juste seulement que le survivant soit de *plein droit* tenu des dettes *alimentaires* imposées par la loi à son adversaire, sans attendre la demande civile en dommages-intérêts formée par les tiers ayant qualité.

La gradation des peines, le dernier, mais le plus important des points qui doivent faire la matière de nos développemens, ne sera pas difficile à déterminer; des degrés très-rapprochés, peu nombreux, telle est la tendance et la conséquence directe de notre système, telle en est l'indispensable économie.

Si l'aspect unique et restrictif sous lequel nous envisageons l'acte voué à la répression lui assigne un caractère d'immoralité presque invariable, si le délit, c'est-à-dire la *rébellion à la loi*, existe toujours par le fait seul du duel, indépendamment des causes et des circonstances, où pourrait être le besoin de créer une échelle marquée par de notables intervalles? Peu de nuances dans la criminalité, peu de nuances dans la pénalité.

Que la loi se garde bien de négliger le bénéfice d'une sem-

(1) L'état du Mississipi. (*Voy. analyse des législations étrangères contemporaines.*)

blable position, dans laquelle résideront à coup sûr et sa force et sa vie. Nous ne sommes pas seulement parvenus en procédant ainsi à nous placer sur un terrain ferme ; nous avons gagné davantage. Nous évitons les mortels résultats qu'entraînerait l'application passée en coutume d'un *minimum* illusoire ; nous évitons ces fâcheuses différences, ces disproportions contraires à l'équité, cette inégale dispensation qui discréditent à la fois, et la loi criminelle, et le juge qui l'applique. Sans doute, dans l'état actuel de la jurisprudence, *un seul jury qui condamne fait gagner plus de terrain que n'en font perdre vingt jurys qui acquittent* (1) ; mais ces vingt acquittemens et cette condamnation unique en face de faits dont la matérialité était incontestable, dont la moralité seule a pu être diversement comprise, ces meurtres toujours absous, tandis que les blessures sont quelquefois punies, tournent-ils au profit de la justice, au profit du respect qui lui est dû, au profit de la confiance qu'elle tend à inspirer par son double caractère de certitude et d'inflexibilité ? Une condamnation sévère en présence de vingt condamnations d'une douceur qui toucherait à l'impunité manquera-t-elle de produire le même effet ? Nous évitons enfin une inconséquence qui n'est que trop imminente. Admettre que le concours de certaines circonstances puisse établir légalement aux yeux du juge et en faveur d'un des combattans ou de tous deux, l'innocuité *relative* du duel, l'innocuité, soit complète et entraînant l'acquittement, soit partielle et réduisant la répression à une pénalité inefficace, c'est consacrer aussi, du même coup, la légalité *relative* de l'acte, soit légalité absolue, soit légalité restreinte dans de certaines limites.

Vainement s'écrie-t-on que ces circonstances qui accompagnent le duel peuvent varier à l'infini, et que la presque

(1) M. Hello (tom. XIe de la *Revue*, p. 488).

incommutabilité de la peine semble dès-lors peu en harmonie avec l'arbitraire et les latitudes excessives qu'il faudrait laisser au juge en pareil cas. Cet arbitraire et ces latitudes sont justement ce que ne comporte point une bonne loi sur la matière. Quoi qu'on fasse, en effet, il régnera toujours, même après l'intervention du législateur, et parmi les juges comme parmi les justiciables, une immense diversité d'opinions sur la criminalité et sur la gravité du duel. Si ces convictions contraires ne peuvent plus se traduire, comme auparavant, par l'impunité, elles se traduiront en beaucoup de cas, en beaucoup de lieux, par un usage trop indulgent, par une pratique énervée de la loi pénale ; les dispositions de chaque tribunal se reflétront dans les jugemens. Quelques-uns se feront scrupule d'appliquer autre chose que le strict *minimum*, non point tant parce que les circonstances seront atténuantes que parce qu'ils ne seront pas eux-mêmes hostiles au duel (1).

La législation belge présente sous ce rapport une double imperfection ; elle fixe un *minimum* trop peu élevé, et agrandit trop l'intervalle qui le sépare du *maximum* ; elle fournit, en admettant des circonstances atténuantes, le moyen de parer ses coups, et perd toute force préventive en diminuant les craintes outre mesure.

Dans notre système, le *minimum* devra être sérieux et inévitable. Quant aux circonstances modificatives, leur part sera médiocre.

Les premières qui nous paraissent devoir influer sur la gravité de la peine, parce qu'elles constituent des actes et attestent une intention plus criminelle, sont : 1° la provocation, 2° le renouvellement du combat après une ou plusieurs tenta-

(1) S'il était besoin d'un exemple, nous n'aurions qu'à citer le duel qui eut lieu à Pont-St-Pol, en 1838, le 30 août, entre MM. Leroy, préfet, et de Sivry, député du Morbihan ; et qui n'entraîna qu'une simple condamnation à 100 francs d'amende. *Voy.* le *Droit* du 15 novembre 1839.

tives infructueuses. Nous placerons en troisième ligne les blessures et la mort.

La provocation, c'est-à-dire l'*appel*, le *défi*, est, de toutes les phases du duel, celle qu'il importe peut-être le plus de réprimer sans faiblesse. Aucune des législations spéciales que nous avons examinées successivement, n'a négligé de punir ce soulèvement individuel contre l'ordre légal, contre la justice régulière. L'*appel*, cette sommation adressée à l'honneur, au courage, à la fierté, suscite des exigences que la menace d'un châtiment ne saurait toujours conjurer; elle place le provoqué dans une alternative imposante capable de triompher de tout homme, quel que ferme de conscience et de volonté qu'il soit, quelque respectueux observateur des préceptes de la religion ou de la morale. Le despotisme des croyances sociales survient; il arrête celui qui voudrait renier le faux dieu et confesser une foi meilleure.

La provocation doit donc être sévèrement punie, alors même qu'elle est isolée, qu'elle n'est point suivie d'effet.

Le *maximum* de la peine pourra même atteindre le *minimum* de celle qui serait fixée pour le duel simple. En sévissant ainsi, la loi réprime un délit spontanément commis. En outre, et c'est là une des conséquences les plus heureuses, elle donne à l'autorité tout moyen d'intervenir et de placer entre le défi et ses suites la force majeure qui sauve la fierté des adversaires tout en protégeant leurs personnes. Une arrestation préventive, une condamnation seront, de tous les avis et de tous les obstacles, le plus salutaire, le plus propre à entraver des projets homicides. Peut-être même pourrait-on, suivant les cas, contraindre le provocateur à fournir une caution suffisante après l'expiration de sa peine. Cet emprunt fait à la coutume anglaise garantirait utilement le maintien de la paix.

Si la provocation a été suivie d'effet, si le duel a eu lieu, le *maximum* de la peine encourue devra toujours, d'après ces considérations, être infligé à *l'appelant.*

Hâtons-nous de proclamer, toutefois, que, pour rendre une justice plus parfaite, il convient d'accueillir la disposition si rationnelle de la loi belge qui permet de punir *l'appelé*, quand, par une conduite téméraire et injurieuse, il aura donné lieu à la provocation.

La continuation du combat après une première tentative demeurée infructueuse, après un premier usage des armes, aggrave incontestablement le caractère criminel du fait, en même temps qu'une si funeste persévérance atteste plus de perversité dans l'intention de ses auteurs. Élever d'ailleurs la peine, en raison de chacune de ces reprises, dans le cas même où il n'y pas eu effusion de sang, atteindre au besoin les degrés réservés pour de plus sérieuses suites, c'est prévenir des catastrophes en forçant les plus acharnés de donner trève à leur fureur.

Quant aux blessures et à la mort qui peuvent être la conséquence des risques volontairement courus, nous avons émis déjà notre pensée. Elles n'inculpent pas réellement l'intention d'une perversité plus grande, puisque, considéré sous ce point de vue, le duel que le hasard rend exempt de pareilles suites, est aussi criminel que celui qui les produit, mais elles nécessitent un châtiment plus exemplaire, parce quelles accroissent extérieurement l'immoralité de la convention dont elles étaient l'objet prévu, parce quelles agrandissent le préjudice social qui forme un des aspects, un des élémens du délit. Ainsi, sans abandonner mal à propos l'idée de complicité, nous pensons qu'il y a lieu de punir plus sévèrement l'auteur des blessures ou de la mort, parce qu'il a eu la part la plus active, la plus effective, pour ainsi dire, dans cette complicité, dans ce concours qui ont enfanté le crime. Ajoutons qu'une telle différence aura cet effet louable de rendre la peine plus égale entre les complices, dans le cas de blessures, en tenant compte du préjudice réel, comme d'un commencement d'expiation.

Les motifs mêmes d'où procède cette différence indiquent néanmoins qu'elle doit être restreinte dans des limites fort étroites. Les dipositions qui fixeraient, par exemple, outre l'amende et la privation de certains droits, *six mois* à *un an* de prison pour le duel non suivi d'effets, *un an* à *dix-huit mois* pour l'auteur des blessures, *un an* à *deux ans* pour l'auteur de la mort, si le duel présente ces circonstances, n'asseoiraient-elles pas la répression sur des bases équitables et suffisantes?

Il est inutile de démontrer la nécessité d'une disposition spéciale qui soumettrait à l'application et renverrait aux formes du droit commun tout prévenu entaché du moindre soupçon de déloyauté (1).

Les mesures dont les témoins doivent être l'objet compléteront l'ensemble de la législation. Convient-il d'adopter, à leur égard, les doctrines du droit commun en matière de complicité (2), et de les punir comme les auteurs mêmes du délit? On se trouve placé entre deux écueils. Si des prohibitions sévères rendent l'assistance des témoins périlleuse et partant difficile à obtenir, cet empêchement matériel, ce retard nécessaire diminueront la fréquence des duels, mais un danger pire que leur fréquence peut naître aussitôt. Dans beaucoup de cas un obstacle de cette nature n'arrêtera pas les duel-

(1) Ce cas n'existerait-il point notamment s'il est prouvé, en fait, que l'un des adversaires avait une connaissance incontestable de l'usage des armes et qu'il connaissait, ainsi que ses témoins, l'inexpérience de celui qu'il a provoqué?

(1) Art. 59 et suiv. du Code pénal.

listes. Plus d'un duel, peut être, aura lieu sans témoins, ou en présence de témoins, appelés par une seule partie, et tout espoir de conciliation s'évanouira, et la déloyauté sera facile.

Toutefois, le concours prêté par eux à l'acte illégal et à ses auteurs est trop direct et constitue une complicité trop parfaitement caractérisée pour qu'il soit possible, même en considération du péril signalé, de leur assurer une impunité complète. Mieux vaut recourir à un terme moyen. Il dépend beaucoup des témoins, à coup sûr, d'exercer une influence salutaire et efficace sur les dispositions des combattans; c'est en vue de leur ami particulier, et en réservant ses prétentions d'honneur avec un soin jaloux qu'ils essaient la conciliation. Ne pourrait-on leur créer un autre intérêt, un intérêt plus personnel? La loi ne pourrait-elle accorder une sorte de prime aux efforts qui auraient pour objet direct de prévenir le combat? Dans quelques circonstances déjà prévues par le droit commun, elle fait de la promesse anticipée du pardon un moyen de ramener le coupable ou d'arriver plus sûrement à arrêter le crime dans sa marche (1). Nous permettrions donc aux juges de renvoyer absous les témoins qui justifiéraient avoir fait tous leurs efforts pour empêcher le duel et calmer l'animosité des deux adversaires. Dans aucun cas, la peine ne saurait dépasser celle fixée pour le duel simple; mais une juste appréciation de la criminalité semble exiger un *minimum* de beaucoup inférieur; car si les témoins concourent au duel par leur présence, ils n'interviennent qu'après que la

(1) N'est-ce point, en partie, sur ce fondement que reposent les dispositions qui, en punissant la tentative, assurent néanmoins, même après le commencement d'exécution, le salut du criminel que son propre repentir, sa propre volonté, ses propres craintes empêchent d'aller plus avant? L'art. 138 du Code pénal n'a-t-il point été dicté, à son tour, par le désir d'arrêter le crime dans sa perpétration fatale, en même temps que d'en faciliter la découverte?

détermination a été prise par les combattans de se faire justice eux-mêmes.

§ III.

Après ces considérations sur le choix de la peine, sur ses degrés et sur la gravité du rôle assigné à chacun des auteurs, vient un élément non moins essentiel, le choix de la juridiction qui doit accomplir les menaces formulées par la loi.

Nous trouvons cet avantage à la qualification de délit attribuée au duel, à la perspective de peines correctionnelles, d'être naturellement et directement invités par le droit commun à confier l'appréciation de la criminalité en même temps que l'application du châtiment à d'impassibles magistrats qui vivent en rapport plus intime encore avec les prescriptions légales qu'avec les mœurs, et sont accoutumés d'y souscrire sans prétendre en juger la valeur. La compétence du jury serait une exception aux règles communes; cette exception doit-elle être introduite? Nous l'avons repoussée d'avance sans hésiter, et il ne nous reste désormais qu'à faire valoir nos motifs.

Nous n'avons point à redouter les immunités que le crédit des coupables arrachait toujours au pouvoir royal et qui frappaient d'impuissance l'ancienne législation. Émanation directe de la puissance publique qui est désormais affranchie de toute tutelle, les lois ne trouvent plus en elles-mêmes le principe restrictif de leur pouvoir. Tout doit se courber sous cet inflexible niveau, et la puissance, le rang, la faveur, plaidant pour l'accusé, ne sauraient prévaloir sur la lettre qui le condamne.

Un seul secours peut cependant encore le soustraire à l'empire de la légalité; un autre décret peut l'emporter, c'est le *verdict* du jury. Quelque contestée que puisse être en droit ou plutôt en morale son omnipotence, elle échappe volontiers en fait à toutes les prévisions ; elle refuse arbitrairement son aveu aux théories les mieux formulées.

En matière politique, le jury ne saurait être renié sans offenser les libertés publiques, parce que le jury c'est l'opinion. En matière de duel, il devient justement récusable par cela même que son verdict ne peut manquer de traduire une opinion. D'où suit cette conséquence absolue que, quelque parti que l'on prenne en formulant une loi sur le duel, il ne faut point hésiter à en soustraire l'application ou plutôt les destinées au jury.

Qu'arrive-t-il dans l'état actuel des choses? Pour opérer dans la jurisprudence un changement, je dirai plus, une révolution qui ne tend à rien moins qu'à qualifier de crime capital, poursuivre et réprimer comme tel, un fait qui jusqu'à ce moment avait paru hors des atteíntes de la loi, pour faire sortir de l'esprit ce que la lettre ne semblait point contenir et livrer aussitôt à la pratique une théorie si soudainement découverte, il a fallu des inductions aussi ingénieuses et savantes que précises; il a fallu des démonstrations multipliées, claires, invincibles. Eh bien! cet exposé de motifs n'est-il point devenu inséparable de la doctrine qu'il fait vivre? ne voyons-nous pas, pour le magistrat qui sollicite une déclaration de culpabilité pour parvenir à son application, la nécessité de présenter les preuves à l'appui? L'effet produit sur chacun d'eux par ces solides argumens influe seul sur l'issue des poursuites, et la certitude de la répression échoue dès-lors devant un invincible obstacle.

Ce n'est plus effectivement une simple question de fait qui préoccupe le jury; c'est une question de droit. Il ne se demande pas seulement si tel individu s'est battu en duel, mais si, en se battant ainsi, cet individu a commis le crime que la loi qualifie *meurtre*, *assassinat*, qu'elle qualifie *blessures graves*. C'est dans ce sens direct qu'il faut développer la série de raisonnemens indispensables pour légitimer d'avance la décision. Cela fait, tout dépend de l'intelligence plus ou moins docile des jurés appelés à se prononcer, tout dépend des influences auxquelles ils se sont trouvés soumis, de la portée plus ou moins philosophique et indépendante de leurs caractères, de leur position, de leur degré d'instruction, de la part qu'ils peuvent prendre aux discussions des publicistes, aux travaux incessans et journaliers de la presse, à la marche progressive des idées. Tout dépend, pour mieux dire, de leur religion en fait de duel.

Supposons une loi meilleure. Admettons le système simple et uniforme dont nous avons cherché à faire ressortir les avantages. La matérialité de l'acte devient, vis-à-vis du juge, le seul point à considérer; les circonstances modificatives ne doivent pas prévaloir sur elle : il appartiendrait donc purement au jury de la constater et de la déclarer.

Cependant, le jury, nous pouvons l'affirmer avec certitude, ira toujours au-delà; et vainement dira-t-on, en opposant de stériles doctrines, qu'il ne doit pas se préoccuper de la criminalité relative du fait, mais bien seulement de la criminalité absolue, de la *culpabilité* du prévenu, et prendre pour unique point de vue les qualifications légales. Comment déterminer la limite qu'il lui est interdit de dépasser? Qui peut fixer les élémens de sa conviction ou en sonder les mystères? Elle échappe à la censure, pourvu qu'elle soit traduite par la formule sacramentelle : *Non*, *l'accusé n'est pas coupable*.

Peu importe donc que l'appréciation de la moralité soit exclue de son domaine. C'est de celle-là qu'il s'occupera inévitablement; il la préjugera tout d'abord, et que deviendra une telle mission entre ses mains?

Le point de départ est essentiel en une matière si délicate, et nous avons été contraint, pour arriver dans notre recherche du mode de répression, non pas seulement à une solution rationnelle et pratique, mais à une solution *possible*, de considérer la moralité du duel dans son rapport avec l'intérêt social, avec l'ordre public, et abstraction faite, soit des motifs dont il procède, soit de l'intention qu'il suppose, soit, jusqu'à un certain point, de la lésion occasionée aux individus par ses résultats. Quiconque envisagera, au contraire, le duel, acception faite de toutes ces circonstances et des divers élémens dont il se compose, risquera de succomber aux préoccupations qui justifient volontiers ce droit de justice privée aux yeux d'un homme brave.

Le législateur n'a point trop des leçons de l'expérience, de l'étude, du raisonnement, pour découvrir l'immoralité réelle ou plutôt l'immoralité saisissable du fait à incriminer. Abandonnée aux seules suggestions de la conscience, aux lueurs vulgaires de l'intelligence, mesurée au niveau de cette morale commune qui a cours parmi les gens du monde, elle cessera de se révéler sous son vrai jour. Il s'agit de combattre après tout une passion que personne ne désavoue, parce qu'elle tient à nos idées d'honneur, parce qu'elle sourit à nos instincts les plus généreux. Les méprises, les séductions, la faiblesse sont imminentes. Des esprits d'élite et sagement prévenus ne s'en garantiraient pas toujours. Que sera-ce donc du jury?

Quels élémens divers ne reçoit-il pas dans son sein? Parmi ceux qui le composent un petit nombre peut-être, grâce à des connaissances étendues, à une saine entente des nécessités sociales, se tient placé plus haut que les préjugés et prêt à les braver de front; mais la majeure partie présente des hommes accoutumés à recevoir les impressions extérieures, à subir les croyances comme les passions de la foule : ceux-là seront pour la plupart sectaires ardens du faux honneur.

Qui ne sait d'ailleurs combien le jury se laisse dominer, avant tout, par les impressions du débat? Ému, absorbé par la contemplation unique et immédiate de l'intérêt de l'humanité qui se personnifie, à ses yeux, dans le prévenu, il ne se préoccupe que faiblement de l'intérêt des mœurs et de la loi qu'on lui signale ou qu'il entrevoit dans le lointain, derrière la criminalité diversement appréciable, facile à écarter pour quiconque se place au point de vue ordinaire, pour quiconque discute l'élément intentionnel sans aller plus avant; les nécessités sociales ne lui apparaîtront pas toujours. Il ne verra pas une révolution à seconder ou à opérer dans les mœurs publiques; il ne verra que les faits de la cause et les excuses dont elle abonde. De tels débats seront, en effet, féconds en moyens propres à surprendre à la fois son cœur et sa raison. Il ne s'agit plus de pallier devant lui de honteuses souillures, de repousser l'accusation déshonorante d'atteintes portées à la propriété d'autrui, actes dont le seul soupçon est une tache et qui suscitent la sévérité du jury, parce qu'il en comprend aussitôt le danger avec une terreur empreinte de quelque égoïsme. Il ne se résoudra point à faire passer sous le même niveau celui qui se montrera sous d'honorables dehors, que des périls bravement courus entoureront toujours d'une séduisante auréole (1). L'appel fait aux plus nobles susceptibilités, l'exaltation de ce fier courroux qu'éveille chez tous les citoyens le contact de l'injure, produiront alors leur effet. Que dire à celui qui, se couvrant de la sainteté de sa cause

(1) Comment espérer qu'ils mettront volontiers sur la même ligne le vainqueur et le vaincu, l'un sain et sauf, l'autre grièvement blessé ?

comme d'une égide glorieuse, s'écriera qu'il s'est placé debout sur le seuil du foyer domestique pour en défendre l'accès à la calomnie, pour défier à un combat mortel l'adultère ou le lâche suborneur qui y avaient déjà pénétré? Que dire à celui qui, les larmes aux yeux et le cœur encore altéré de vengeance, viendra rendre compte du combat qu'il a livré sur les derniers débris de l'honneur de sa maison, du noble et légitime effort qu'il a fait pour assurer ou pour reconquérir, au prix de son sang, le repos et la sécurité de sa famille?

N'en doutez point, les jurés, s'ils sont consultés, répondront le plus souvent que le duel est un acte innocent, soit parce que telle sera leur croyance ordinaire et bien arrêtée, soit parce que telle sera leur conviction du moment. Ils répondront en préjugeant le caractère moral du fait et la légitimité de la répression suivant leurs différentes habitudes d'esprit, suivant le cours de leurs émotions. Les verdicts varieront selon les hommes, selon les provinces, selon le hasard, et il se produira quelques exceptions favorables en apparence à la justice, mais en réalité bien plus déplorables qu'un système absolu d'impunité; car si, parmi les coupables convaincus, quelques-uns seulement doivent être frappés pendant que le plus grand nombre est assuré de se retirer absous, l'humanité proteste d'avance contre cette inégale dispensation, source flagrante d'injustices dont elle aurait trop à gémir (1)!

L'hésitation n'est donc point permise. Au moment où l'on se propose d'extirper une erreur qui a encore de profondes racines dans la société, il convient de se défier des juges que

(1) Il ne faudrait point, surtout, comme le projet de la commission belge, déférer à la fois au jury et aux tribunaux correctionnels, parce qu'on aurait, ainsi que nous l'avons remarqué déjà, le scandaleux spectacle d'une répression constante pour les simples blessures, d'une absolution également constante pour les homicides.

fournirait cette société. Aussitôt que le législateur aura formulé son opinion, il convient de n'en laisser subsister d'autre que la sienne. Otez le jury et, dans cette guerre contre le préjugé, vous aurez au moins des auxiliaires affranchis de la servitude du préjugé, et, au lieu de placer le coupable en face d'hommes accessibles aux mêmes susceptibilités que lui, d'hommes du monde que peut gagner aisément la contagion de son erreur, qui sont faibles à cet endroit, vous le placerez en face de la loi, c'est-à-dire d'une force inévitable, parce qu'elle est inflexible(1).

(1) M. Armand Dalloz s'exprime ainsi dans le *Dictionnaire général* de jurisprudence (*voyez Duel*).

« Tout récemment, au sujet d'une pétition (12 mars 1835), M. Dupin a » été d'avis que lorsqu'un homme avait été tué en duel, c'était un devoir pour » les juges de renvoyer son adversaire devant la Cour d'assises. Il a pensé que » c'était là un frein qui, par la crainte des peines ou de la perte des droits ci- » vils, arrêterait les duellistes; on sait que c'est ce qui a eu lieu fréquemment, et » chaque poursuite n'a abouti qu'à amener l'éloge du vainqueur, de son » courage, et implicitement à préconiser le *duel*.

» Ce remède n'est pas bon; il ne peut être efficace que dans les cas peu » nombreux où le duel n'a pas été loyal; d'ailleurs que doit faire le jury? » parler comme la société, juger comme la société, c'est-à-dire rester dans un » état stationnaire et même ralentir la réforme au lieu de la hâter, car l'im- » punité et le triomphe des duellistes ont ce résultat. »

www.ingramcontent.com/pod-product-compliance
Ingram Content Group UK Ltd.
Pitfield, Milton Keynes, MK11 3LW, UK
UKHW031920260826
14628UKWH00003B/1304

9 782014 032727